音声DL付

# インドネシア語の基本が7日間でわかる本

近藤由美
イワン・スティヤ・ブディ 著

JN048518

**KADOKAWA**

# はじめに

## ≫応用できる日常会話

　「もっと早くインドネシア語が話せればよかったのに」このような
声を INJ カルチャーセンターでインドネシア語学習を始められた旅
行好きの方、出張や赴任のご予定のある方からよくいただきます。
インドネシア語は世界で最も簡単な言語と言われており、少し学習
すればすぐに初歩的な会話を話せるようになります。しかし、会話
文の丸暗記だけでは実際には思うように話すことができません。そ
れはなぜでしょうか？　基本フレーズを覚えても、実際の会話では
その場の状況に応じて話したいことが少しずつ変わるからです。そ
こで、基本フレーズを習得すると共に応用フレーズも使いこなせる
ことが必要です。

## ≫まずは「自分の言いたいこと、伝えたいこと」を話そう

　本書は、初心者の方でもインドネシア語が無理なく徐々に話せる
ように7日間に分けた構成になっています。

　**Day 1**では発音に慣れ親しんだ後に、現地到着後にすぐに使える
日常のあいさつを覚えます。

　**Day 2**では基本単語や例文と共に基本文法を頭に入れて、インド

ネシア語の全体像をイメージします。

　**Day 1**と**Day 2**でインドネシア語の概要がつかめたら、**Day 3**〜**Day 7**では、「自分が言いたい、伝えたい」ことを実際に口に出して話してみます。すでに発音、単語、文法の予備知識があるので、各項目の基本フレーズと応用フレーズの構成もすんなりと理解でき、自分が言いたいことをすぐに話すことができるでしょう。また、ワンポイント解説により、フレーズの理解力を一層高めることができます。さらに、練習問題ではフレーズが口をついて出るかどうかを確認しましょう。

　巻末の項目別単語は、**Day 3**〜**Day 7**で学んだ基本フレーズや応用フレーズをカスタマイズするために活用してください。基本フレーズと応用フレーズの色の付いた単語を入れ替えるだけで、様々な場面での応用会話ができるようになります。

　本書ではよく使われる日常会話を厳選していますが、ワンポイント解説や巻末の項目別単語を併用すれば、ほかの場面でも使える応用会話もどんどんできるようになり、インドネシアでの会話の幅が一気に広がります。皆さまにインドネシア語を話す喜びを感じていただき、現地滞在を心ゆくまで楽しまれることを願っています。

## ≫同シリーズ『マレーシア語』でインドネシア語との違いをマスター

これまでに多くの学習者の皆さまから、インドネシア語とマレーシア語の違いについてご質問をいただきました。そこで、その違いが容易に比較できるように、本書と『マレーシア語の基本が7日間でわかる本』を同じ構成にしました。両書籍の同じページを比較すると、発音、スペル、単語、意味の違いは一目瞭然です。インドネシア語の初心者はもちろんのこと、学習経験者やインドネシア人ネイティブスピーカーが『マレーシア語の基本が7日間でわかる本』を読んでも新しい発見があることでしょう。

インドネシア語とマレーシア語の違いはたくさんありますが、主な違いは「本書の特長と使い方」にも具体例を挙げて明記しました。違いを探し出すヒントとしていただき、学習者の皆さまが両書籍を比較して、ご自身でその違いを探し出してみてください。クイズ感覚で新しい発見をしながら両言語の違いがわかるので、いつの間にか楽しみながら短期間で2言語をマスターすることができることでしょう。マレーシアではインドネシア語もある程度は通じますが、マレーシアに行く機会があれば、ぜひマレーシア語の発音と単語で会話を試みてください。

　最後に、**92**歳という年齢にもかかわらず、本書の内容について様々なご助言をいただいた恩師ドミニクス・バタオネ先生、著者の細かい要望にも快くていねいにご対応くださった編集者の城戸千奈津様、田代裕大様、土田浩也様ほか関係者の皆さまに厚く御礼申し上げます。

**2024**年**2**月

近藤　由美

イワン・スティヤ・ブディ

本文デザイン
室田潤＋千本聡（細山田デザイン事務所）

イラスト
オザキエミ

ナレーション
**Iwan Setiya Budi**
**Beta Ika Wahyuningsih**
桑島三幸

DTP・校正
鷗来堂

# 本書の特長と使い方

## 1. 初心者でも7日間で「自分の言いたいこと、伝えたいこと」が話せる!

　この本はインドネシア語を初めて学ぶ方、特に旅行や出張などでインドネシアに滞在する際に現地の言葉でコミュニケーションをとってみたい方に向けて書かれたインドネシア語の入門書です。

### 》特長❶：7日間でインドネシア語の基本が身につく

　「初めてで何から学んでいいかわからない」「じっくり学ぶ時間がない」という方にも短期間で効率よく基本が身につくよう、**7日間で基礎的な発音、語彙、文法、会話が段階的に学べる**構成になっています。あいさつから気持ちが伝わるフレーズまで、話せることが無理なく増えていきます。

**Day 1　インドネシア語を聴いて発音してみよう**
日常のあいさつなど、よく使う基礎的なフレーズを学びます。
**Day 2　インドネシア語のしくみを知ろう**
文字と発音、文の構成など、基本文法を学びます。
**Day 3　自分のことが言えるようになろう**
自己紹介をして、嗜好、希望、経験について話します。
**Day 4　自分の意思を伝えよう**
相手に依頼、勧誘をしたり、許可を求め、禁止します。
**Day 5　いつどこで何をしたか質問してみよう**
「いつ、どこ、だれ、何」などの疑問詞を使って尋ねます。
**Day 6　さらにいろいろな質問をしてみよう**
状況、方法を尋ね、意見や感想を聞き、助言を求めます。
**Day 7　気持ちが伝わる便利フレーズ**
感謝、おわびを述べたり、病気や事故の際に助けを求めます。
**巻末　項目別単語**
会話で使える基本単語をまとめました。

## ▶▶ 特長❷：旅行や出張ですぐに使える日常会話が学べる

現地を訪れた際、**すぐに役立つ実用的な日常会話**を厳選しました。パターン別のフレーズと会話を学びながら、自然に正しい文法も身につきます。

## ▶▶ 特長❸：独学でも学びやすい

フレーズは**簡単なものから徐々に複雑なものへと段階を踏んで学べる**構成になっており、つまずきやすい点にはワンポイント解説を施しました。

## ▶▶ 正しい発音は音声を聴いてマスターしよう！

カタカナのルビでは完璧な発音を表記できません。参考程度にとどめ、音声を繰り返し聴き、実際に声に出して正しい発音をマスターしましょう。

### 1　パソコンでダウンロードして聴く方法

## https://www.kadokawa.co.jp/product/321908000652

| ID | PASSWORD |
|---|---|
| 7DaysIndonesia | Yrg!6y9t |

上記の**URL**へアクセスいただくと、**mp3**形式の音声データをダウンロードできます。「特典音声のダウンロードはこちら」という一文をクリックしてダウンロードし、ご利用ください。

※音声は**mp3**形式で保存されています。お聴きいただくには**mp3**ファイルを再生できる環境が必要です。
※ダウンロードはパソコンからのみとなります。携帯電話・スマートフォンからはダウンロードできません。
※ダウンロードページへのアクセスがうまくいかない場合は、お使いのブラウザが最新であるかどうかご確認ください。また、ダウンロードする前にパソコンに十分な空き容量があることをご確認ください。
※フォルダは圧縮されています。解凍したうえでご利用ください。
※音声はパソコンでの再生を推奨します。一部のポータブルプレーヤーにデータを転送できない場合もございます。
※なお、本サービスは予告なく終了する場合がございます。あらかじめご了承ください。

### 2　スマートフォンで音声を聴く方法

 **abceed** AI英語教材エービーシード　| abceed アプリ（無料）Android・iPhone対応 |　**https://www.abceed.com/**

ご利用の場合は、**QR**コードまたは**URL**より、スマートフォンにアプリをダウンロードし、本書を検索してください。

※**abceed**は株式会社**Globee**の商品です（2024年2月現在）。

## 2. Day 3 ～ 7の見方

トラック番号
ダウンロード音声のト
ラック番号です。

基本パターン
すぐに役立つ基本フレ
ーズのパターンを厳選
しました。その下の説
明は、パターンを使い
こなすためのヒントや
注意点です。

基本フレーズ
基本パターンを使った
フレーズです。地に色
がついている単語部分
を入れ替えて、様々な
フレーズを作ってみま
しょう。

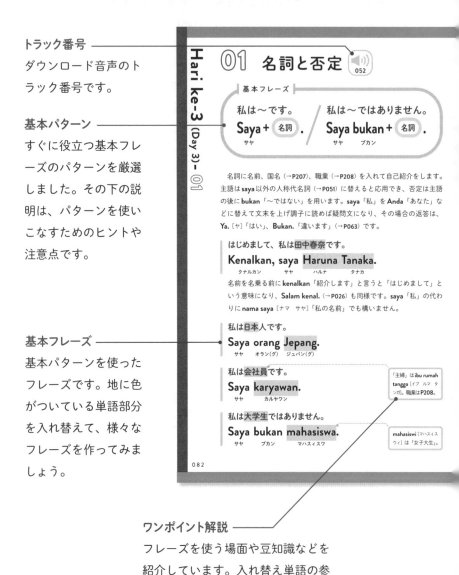

Hari ke-3 (Day 3)- 01

## 01 名詞と否定 052

基本フレーズ

私は〜です。　　　　私は〜ではありません。

**Saya +** 名詞 **. / Saya bukan +** 名詞 **.**
　サヤ　　　　　　　　　　　サヤ　　　ブカン

名詞に名前、国名（→P207）、職業（→P208）を入れて自己紹介をします。
主語は saya 以外の人称代名詞（→P051）に替えると応用でき、否定は主語
の後に bukan「〜ではない」を用います。saya「私」を Anda「あなた」な
どに替えて文末を上げ調子に読めば疑問文になり、その場合の返答は、
**Ya.**［ヤ］「はい」、**Bukan.**「違います」（→P063）です。

はじめまして、私は田中春奈です。
**Kenalkan, saya Haruna Tanaka.**
　クナルカン　　サヤ　　ハルナ　　タナカ

名前を名乗る前に kenalkan「紹介します」と言うと「はじめまして」と
いう意味になり、**Salam kenal.**（→P026）も同様です。saya「私」の代わ
りに nama saya［ナマ　サヤ］「私の名前」でも構いません。

私は日本人です。
**Saya orang Jepang.**
　サヤ　　オラン(グ)　ジュパン(グ)

私は会社員です。
**Saya karyawan.**
　サヤ　　カルヤワン

私は大学生ではありません。
**Saya bukan mahasiswa.**
　サヤ　　ブカン　　マハスィスワ

082

「主婦」は **ibu rumah
tangga**［イブ　ルマ　タ
ンガ］。職業は**P208**。

**mahasiswi**［マハスィス
ウィ］は「女子大生」。

ワンポイント解説
フレーズを使う場面や豆知識などを
紹介しています。入れ替え単語の参
照ページもここで確認できます。

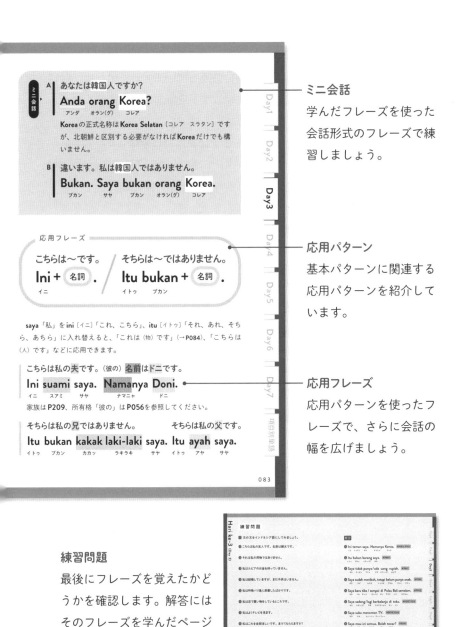

ミニ会話

A あなたは韓国人ですか？

**Anda orang Korea?**
アンダ　オラン(グ)　コレア

Korea の正式名称は **Korea Selatan** [コレア スラタン] ですが、北朝鮮と区別する必要がなければ **Korea** だけでも構いません。

B 違います。私は韓国人ではありません。

**Bukan. Saya bukan orang Korea.**
ブカン　サヤ　ブカン　オラン(グ)　コレア

---

応用フレーズ

こちらは～です。 ／ そちらは～ではありません。

**Ini +** 名詞 **.** ／ **Itu bukan +** 名詞 **.**
イニ　　　　　　　　イトゥ　ブカン

**saya** 「私」を **ini** [イニ]「これ、こちら」、**itu** [イトゥ]「それ、あれ、そちら、あちら」に入れ替えると、「これは（物）です」(→P084)、「こちらは（人）です」などに応用できます。

こちらは私の夫です。（彼の）名前はドニです。

**Ini suami saya. Namanya Doni.**
イニ　スアミ　サヤ　　ナマニャ　ドニ

家族は P209、所有格「彼の」は P056 を参照してください。

そちらは私の兄ではありません。　　そちらは私の父です。

**Itu bukan kakak laki-laki saya. Itu ayah saya.**
イトゥ　ブカン　カカッ　ラキラキ　サヤ　イトゥ　アヤ　サヤ

083

**ミニ会話**
学んだフレーズを使った
会話形式のフレーズで練
習しましょう。

**応用パターン**
基本パターンに関連する
応用パターンを紹介して
います。

**応用フレーズ**
応用パターンを使ったフ
レーズで、さらに会話の
幅を広げましょう。

**練習問題**
最後にフレーズを覚えたかど
うかを確認します。解答には
そのフレーズを学んだページ
を明記したので、わからなけ
れば戻って読み返しましょう。

## 3. 同シリーズ『マレーシア語』で インドネシア語との違いをマスター!

インドネシア語とマレーシア語は「マレー語」という同一言語を起源としているため、単語や文法などが非常に似通っています。そのため、同時学習が行いやすい言語で、2言語を比較しながら学ぶ人も大変多くなりました。

本書では、「インドネシア語とマレーシア語を同時に習得したい」という要望に応えるため、同シリーズ『マレーシア語の基本が7日間でわかる本』と構成を合わせ、2言語を見比べながら学ぶことを可能にしました。

## ≫ 特長❶：同じ意味の表現が簡単に学べる!

両言語の全てをA＝Bで説明できないため、一部の例外はありますが、原則として『マレーシア語の基本が7日間でわかる本』と本書は同じ意味の会話文を同ページの同位置に掲載しています。

たとえば、本書のP108にはSilakan makan.［スィラカン マカン］「どうぞお召し上がりください」というフレーズがあります。一方、『マレーシア語の基本が7日間でわかる本』のP108にも同じ意味のJemput makan.［ジュンポッ マカン］というフレーズを載せています。

これにより、「本書のSilakan makan.という表現をマレーシア語ではどのように言うのだろう?」という疑問があってもすぐに解消できます。

本書

同シリーズ『マレーシア語』

## ≫特長❷：同じ意味の単語が見比べられる！

　本書も『マレーシア語の基本が**7**日間でわかる本』も、巻末の項目別単語には、同じ意味の単語を同じページの同じ位置に掲載しています。

　たとえば、本書の**P213**の「タクシー」を意味する **taksi**［タクスィ］という単語は、『マレーシア語の基本が**7**日間でわかる本』の**P213**ページにも **teksi**［テクスィ］と載せています。見比べてみると、**taksi**［タクスィ］、**teksi**［テクスィ］のようにインドネシア語に近い単語もあれば、**sepeda**［スペダ］、**basikal**［バスィカル］「自転車」のようにまったく異なる単語、さらには、**jalan**［ジャラン］「道、通り」のように完全に同じ単語もあり、学ぶ上で**2**言語の違いを整理しながら覚えるのに役立ちます。

本書

同シリーズ『マレーシア語』

　このように、本書と『マレーシア語の基本が**7**日間でわかる本』を見比べると、発音、文法、単語の面で、両言語のまったく同じ部分、非常に似通っている部分、あるいはまったく異なっている部分が見えてきます。

　**2**言語の関係を整理しながら学べるので、インドネシア語だけでなくマレーシア語も学ぼうと考えている方には、とてもオススメの構成です。

　さらに、次のページでは、「**4.** インドネシア語とマレーシア語の主な違い」と題して、発音、スペル、単語、意味の**4**つの側面から、インドネシア語とマレーシア語の主な違いを見分けるヒントと具体例を掲載しました。特に、単語や意味が違う場合は、自分では通じているつもりでも相手にまったく通じていなかったり、自分の意図とは別の意味に取られて誤解が生じる可能性があるので注意しましょう。

## 4. インドネシア語とマレーシア語の主な違い

インドネシア語とマレーシア語には若干の違いがありますが（→P023）、『マレーシア語の基本が7日間でわかる本』を併用して違いがわかれば、同時に2言語をマスターできます。

次の違いを参考にして、そのほかの違いも見つけてみましょう！　クイズ感覚で楽しみながら、インドネシア語とマレーシア語の違いが身につきます。

### ❶ 発音　🔊 001

「語末のi＋子音」と「語末のu＋子音」は、母音の発音のみ異なります。

| 発音 | 単語 | 意味 | インドネシア語 | | マレーシア語 | |
|---|---|---|---|---|---|---|
| 語末a | apa | 何 | ア | アパ | あいまいなウ | アプ |
| | nama | 名前 | | ナマ | | ナム |
| 語末i＋子音 | baik | よい | イ | バイッ | エ | バエッ |
| | air | 水 | | アイル | | アエル |
| 語末u＋子音 | sibuk | 忙しい | ウ | スィブッ | オ | スィボッ |
| | mulut | 口 | | ムルッ | | ムロッ |
| v | visa | ビザ | フ | フィサ | ヴ | ヴィサ |
| | TV | テレビ | | ティーフィー | | ティーヴィー |

| スペル | 意味 | インドネシア語 | マレーシア語 |
|---|---|---|---|
| **kとkh** | 知らせ | **kabar** カバル | **khabar** カバル |
| **pとf** | 電話 | **telepon** テレポン | **telefon** テレフォン |
| **sとz** | 音楽 | **musik** ムスィッ | **muzik** ムゼッ |
| **eの有無** | 妻 | **istri** イストゥリ | **isteri** イストゥリ |
| | フランス | **Prancis** プランチス | **Perancis** プランチェス |
| **一部の違い** | 酸っぱい | **asam** アサム | **masam** マサム |
| | バス | **bus** ブス | **bas** バス |
| | 8 | **delapan** ドゥラパン | **lapan** ラパン |
| | 番号 | **nomor** ノモル | **nombor** ノンボル |
| | ～だから | **karena** カルナ | **kerana** クラヌ |
| | 不思議な 妙な | **heran** ヘラン | **hairan** ハイラン |
| **スペースの有無** | めがね | **kacamata** カチャマタ | **kaca mata** カチュ マトゥ |
| | ハンカチ | **saputangan** サプタ(ン)ガン | **sapu tangan** サプ タ(ン)ガン |
| **単語の順番の違い** | サッカー | **sepak bola** セパッ ボラ | **bola sepak** ボラ セパッ |

**❸ 単語** 🔊 003

| 日本語 | インドネシア語 | マレーシア語 |
|---|---|---|
| 店 | toko<br>トコ | kedai<br>クダイ |
| 映画館 | bioskop<br>ビオスコッ(プ) | pawagam<br>パワガム |
| 病院 | rumah sakit<br>ルマ　サキッ | hospital<br>ホスピタル |
| 冷蔵庫 | lemari es<br>ルマリ　エス | peti sejuk<br>プティ　スジョッ |
| スポーツ | olahraga<br>オララガ | sukan<br>スカン |
| おごる | traktir<br>トラクティル | belanja<br>ブランジュ |
| さあ(勧誘) | ayo<br>アヨ | jom<br>ジョム |

**❹ 意味** 🔊 004

| 単語 | インドネシア語 | | マレーシア語 | |
|---|---|---|---|---|
| kereta | クレタ | 列車 | クレトゥ | 車 |
| pejabat | プジャバッ | 高官 | プジャバッ | 事務所 |
| jeruk | ジュルッ | 柑橘類 | ジュロッ | ピクルス |
| senang | スナン(グ) | 楽しい | スナン(グ) | 簡単な<br>楽な |
| bisa | ビサ | ～できる<br>毒 | ビス | 毒 |

# 目次

# 目次

## Hari ke-3 (Day 3)

# 自分のことが言えるようになろう ············· 081

## Hari ke-4 (Day 4)
# 自分の意思を伝えよう ································· 105

# 目次

Hari ke-5 (Day 5)

## いつどこで何をしたか質問してみよう ········ 129

# 目次

# Hari ke-1 (Day 1)

# インドネシア語を聴いて発音してみよう

## インドネシア語の概要と基本フレーズ

まずインドネシア語の成り立ちや使用地域、文字、発音、文法の概要を頭に入れます。次に自己紹介の音声を聴いて音の雰囲気をつかみ、繰り返し音声を聴きながら発音すると、自己紹介ができるようになります。日常のあいさつなどは、そのまま覚えて現地到着後すぐに使ってみましょう。

# 01 インドネシア語はどんな言葉?

## ≫インドネシアとインドネシア語の関係

　多民族国家インドネシアには**650**以上の地方語があるといわれ、同民族間や家族との会話は主に地方語です。人口**2億6千万人**の約**40%**を占めるジャワ人の話すジャワ語が最も多く、スンダ語、マドゥラ語、ミナンカバウ語、ブギス語、バタック語、バリ語と続きます。

　しかし、**7**世紀にスマトラ東海岸およびマレー半島で商人に話されていた商用共通語であるマレー語が、**1928年**に「青年の誓い」において民族統一の言語として採択され、インドネシア語と呼ばれるようになると、共通語として急速に普及し、**1945年**憲法でインドネシア語は国語に制定されました。インドネシア語は、民族にかかわらずインドネシア全土で話されている言葉です。日本人がインドネシア人と会話をしたいなら、まずはインドネシア語を学びましょう。

## ≫インドネシア語が使われる地域

　インドネシア語の起源となるマレー語は、マレーシアとシンガポールの国語、ブルネイの公用語で、東ティモール、フィリピン南部、タイ南部でも話されています。インドネシア語とマレー語は、発音や語彙に多少違いがありますが、コミュニケーションは可能です。そのため、インドネシア語は東南アジアの広範囲で通じる言語といえます。

## ≫インドネシア語とマレー語の違い

　インドネシア語とマレー語でのコミュニケーションは可能ですが、単語の違いを知っていると誤解が生じません。スペルや発音が多少異なるだけなら、インドネシア語、マレー語の順番で、「月曜」Senin［スニン］、Isnin［イスネン］、「菓子」kue［クエ］、kuih［クイ］は容易に意味が想像できます。

　しかし、単語が全く異なる「会社」perusahaan［プルサハアン］、syarikat［シャリカッ］、「部屋」kamar［カマル］、bilik［ビレッ］、「靴」sepatu［スパトゥ］、kasut［カスッ］などは、各言語の単語を覚えるしかありません。さらに、同じ単語でも意味が異なるものには注意が必要です。たとえば、インドネシア語はpolisi［ポリスィ］「警察」、polis［ポリス］「保険証券」ですが、マレー語は真逆でpolisi［ポリスィ］「保険証券」、polis［ポリス］「警察」です。

　マレーシアでタクシーに乗ったインドネシア人が、Putar-putar, ya.［プタルプタル　ヤ］「あちこち回ってね」と言ったら、運転手にマレー語でPusing-pusing, ya.［プスィン（グ）プスィン（グ）　ヤ］「目まいがひどいんだね」と返されて「？？」となった話は有名です。putar「回る」はマレー語はpusingとも言いますが、インドネシア語のpusingは「目まいがする」で「回る」という意味はないからです。なお、同シリーズ『マレーシア語の基本が7日間でわかる本』と併せて学習すれば、ネイティブでもよくまちがえるインドネシア語とマレー語（マレーシア語）の単語の違いがわかります。

## ≫インドネシア語と日本語との類似点

　インドネシア語には日本語に似た単語、たとえば、日本語が語源のebi［エビ］「干しエビ（エビはudang）」、samurai［サムライ］「侍、日本刀（両方の意味があります）」、オランダ語が語源のransel［ランスル］「リュックサック（日本語はランドセル）」、サンスクリット語が語源のneraka［ヌラカ］「奈落」があります。

　繰り返しの言葉も多く、kira-kira［キラキラ］「おおよそ」、oleh-oleh［オレオレ］「おみやげ」は日本語に聞こえませんか？　このように日本語に似ている発音も多いため、インドネシア人には日本人の名前の安田はYa, sudah.［ヤ　スダ］「はい、もう済みました」、樫村はKasih murah.［カスィ　ムラ］「安くして」と聞こえるようです。

# 02 インドネシア語を 聴いて話してみよう

インドネシア語は、文字、発音、文法が簡単で、初心者にやさしい言語です。

## ❶ 文字はアルファベット

新たな文字を覚える必要がないので、すぐに読めます。

## ❷ 発音はローマ字読み

アルファベットをそのまま読むだけで、イントネーションやアクセントはあまり気にしなくても構いません。「人」は **orang** ［オラン（グ）］、「〜できる」は **bisa** ［ビサ］、「言語」は **bahasa** ［バハサ］です。簡単ですね。

## ❸ 文法も簡単

インドネシア語の文法はシンプルで、名詞は単数と複数を区別しない、主格（〜は）、所有格（〜の）、目的格（〜を）などの格変化がない、主語や時制による動詞の活用変化がないなど単語の語形変化がありません。

過去、現在、未来などの時制は、その場の状況で判断します。時制を明確にするには、**kemarin** ［クマリン］「昨日」、**sekarang** ［スカラン（グ）］「今」など時を表す単語を文頭や文末に付けたり、**akan** ［アカン］「〜するつもりです」など時制を表す助動詞を動詞の前に追加します。

| | |
|---|---|
| **Dia pergi kemarin.** | 昨日、彼は行きました。 |
| **Sekarang dia pergi.** | 今、彼は行きます。 |
| **Dia akan pergi.** | 彼は行くつもりです。 |

疑問文にするには、日本語と同様に **Dia pergi?** （↗）［ディア　プルギ］「彼は行きますか？」と平叙文の文末を上げ調子に読むだけです。

まずはインドネシア語がどんな言葉なのか、自己紹介の音声を聴いてみましょう。最初はわからなくても、本書で学習したらすぐに話せるようになります。各文には本書で学習するページ数を入れました。

>> 自己紹介のスピーチ 🔊 005

# Selamat siang. →P026
スラマッ　　　スィアン(グ)

こんにちは。

# Nama saya Kento Suzuki. →P082
ナマ　　　　サヤ　　　　ケント　　　　スズキ

私の名前は鈴木賢人です。

# Saya orang Jepang. →P082
サヤ　　　オラン(グ)　　ジュパン(グ)

私は日本人です。

# Saya baru belajar bahasa Indonesia. →P090
サヤ　　　バル　　　ブラジャル　　　バハサ　　　　インドネスィア

私はインドネシア語の勉強を始めたばかりです。

# Saya bisa berbahasa Indonesia sedikit. →P100
サヤ　　　ビサ　　　ブルバハサ　　　　インドネスィア　　　スディキッ

私は少しインドネシア語を話すことができます。

# Saya senang bertemu dengan Anda. →P027
サヤ　　　スナン(グ)　　　ブルトゥム　　ドゥ(ン)ガン　　アンダ

あなたにお会いできてうれしいです。

# Sampai jumpa lagi. →P031
サンパイ　　　　ジュンパ　　　ラギ

またお会いしましょう。

# ⓪③ 日常のあいさつ

🔊 006

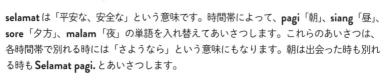

Selamat siang.

おはようございます。／さようなら。（〜10時）

## Selamat pagi.
スラマッ　　パギ

selamat は「平安な、安全な」という意味です。時間帯によって、pagi「朝」、siang「昼」、sore「夕方」、malam「夜」の単語を入れ替えてあいさつします。これらのあいさつは、各時間帯で別れる時には「さようなら」という意味にもなります。朝は出会った時も別れる時も Selamat pagi. とあいさつします。

こんにちは。／さようなら。（10〜15時）

## Selamat siang.
スラマッ　　　スィアン（グ）

こんにちは。／さようなら。（15時〜日没）

## Selamat sore.
スラマッ　　　ソレ

テレビのアナウンサーは Selamat petang.［スラマッ　プタン（グ）］を使用します。

こんばんは。／さようなら。（日没〜）

## Selamat malam.
スラマッ　　　マラム

日本では、夜、別れ際に「おやすみなさい」と言いますが、インドネシアは Selamat malam.「さようなら」です。Selamat tidur.［スラマッ　ティドゥル］「おやすみなさい」は就寝前に言います。

はじめまして。

## Salam kenal.
サラム　　クナル

気軽な表現です。この表現の後には、必ず自分の名前を名乗り（→P082）ます。

**A** ようこそいらっしゃいました。お元気ですか?

# Selamat datang. Apa kabar, Pak?

スラマッ　　　ダタン(グ)　　アパ　　カバル　　パッ

**Selamat datang.** は「ようこそ」という決まり文句です。

【文末の Pak, Bu はていねいな表現】
相手が目上の男性であれば、**Bapak**［パパッ］「あなた」の省略語の **Pak**［パッ］、目上の女性であれば **Ibu**［イブ］「あなた」の省略語の **Bu**［ブ］を文末に付けると、よりていねいな表現になります。これはあいさつに限らず、すべての文に当てはまります。

**B** 元気です。あなたはどうですか?

# Baik-baik saja, Bu. Bagaimana dengan Ibu?

バイッバイッ　　サジャ　　ブ　　バガイマナ　　ドゥ(ン)ガン　　イブ

**Baik-baik saja.**「元気です」のほかに **Biasa saja.**［ビアサ　サジャ］「相変わらずです（いつも通りです）」、**Agak sibuk.**［アガッ　スィブッ］「ちょっと忙しいです」、**Lumayan.**［ルマヤン］「（調子は）かなりいいです」という表現も覚えましょう。下線部の「あなた」は相手の性別や年齢によって使い分けてください（→P051）。

**A** 私も元気です。

# Saya juga sehat-sehat saja, Pak.

サヤ　　ジュガ　　セハッセハッ　　サジャ　　パッ

**juga** を主語（この文では**saya**「私」）の後に入れると「〜も」という意味になります。**sehat-sehat**「健康な」は**baik-baik**［バイッバイッ］「元気な」に入れ替え可能です。

あなたにお会いできてうれしいです。

# Saya senang bertemu dengan Bapak

サヤ　　スナン(グ)　　ブルトゥム　　ドゥ(ン)ガン　　パパッ

**B** 私もあなたにお会いできてうれしいです。

# Saya juga senang bertemu dengan Ibu.

サヤ　　ジュガ　　スナン(グ)　　ブルトゥム　　ドゥ(ン)ガン　　イブ

よろしくお願いします（ご協力をお願いします）。

# Mohon kerja samanya.

モホン　　クルジャ　　サマニャ

# ◯4 気軽な日常の あいさつ  ◀)) 007

**A** | ごはん食べた?

## Sudah makan?
　　スダ　　　　マカン

食事の時間帯での気軽な日常のあいさつで、「元気?」と同じ意味で使われます。四季がある日本では「暑いですね」など天候を話題にしますが、常夏の国インドネシアでは、しっかりごはんを食べて元気かどうかを相手に確認します。

**B** | もう食べたよ。

## Sudah.
　　スダ

直訳は「もうすんだよ」で、完了を表します。あいさつなので、食べていなくても **Belum.** ［ブルム］「まだだよ」とはめったに言いません。相手に食事の用意などで気を遣わせないためです。

- - - - - - - - - - - - - - - - - - - - - - - - - - - - - - - -

**A** | どこ行くの?

## Mau ke mana?
　　マウ　ク　マナ

これもあいさつの決まり文句です。特に行き先を聞きたいわけではないので、具体的に答えなくても構いません。

**B** | ちょっとそこまで。 / ちょっと散歩に。

## Ke sana. / Jalan-jalan saja.
　　ク　サナ　　　　　ジャラン　ジャラン　サジャ

どちらの返答もよく使います。**Ke sana.**「ちょっとそこまで」の日本語は「そこ」ですが、インドネシア語は **situ**［スィトゥ］「そこ」ではなく **sana**「あそこ」を用います。

**A**　ひさしぶり（長らく会っていないね）。

# Sudah lama tidak jumpa / ketemu.

スダ　　　ラマ　　ティダッ　　ジュンパ　　　クトゥム

jumpa / ketemu を berjumpa / bertemu［ブルジュンパ／ブルトゥム］にすると、「おひさしぶりです」とていねいな表現になります。

今までどうしてた（どこへ行ってた）？

# Ke mana saja selama ini?

ク　　マナ　　サジャ　　スラマ　　イニ

ひさしぶりに会う親しい人へのあいさつです。

**B**　特に何も（どこへも行ってないよ）。

# Tidak ke mana-mana.

ティダッ　　ク　　　　マナマナ

特に変わったことがなければ、この返答が無難です。

相変わらずです（以前と同じです）。

# Masih seperti dulu.

マスィ　　スプルティ　　ドゥル

---

**A**　家族は元気?

# Keluarga sehat-sehat saja?

クルアルガ　　　　　セハッセハッ　　　　サジャ

家族を大切にするインドネシアでは、相手だけではなく、相手の家族のことも気遣います。文末を上げ調子で読めば疑問文になります（→P063）。

**B**　ええ、みんな元気。

# Iya, semua sehat.

イヤ　　スムア　　セハッ

iya は ya［ヤ］「はい」よりも気軽な表現です。

# 05 別れのあいさつ

🔊 008

Permisi dulu.

また明日。
## Sampai besok.
サンパイ　　ベソッ

besok「明日」は minggu depan ［ミング　ドゥパン］「来週」などに入れ替え可能です。

お先に失礼します。（ていねい）
## Saya permisi dulu.
サヤ　　　プルミスィ　　ドゥル

返答は Silakan. ［スィラカン］「どうぞ」。

じゃあまた。（普通）
## Mari.
マリ

別れ際の気軽なあいさつ。返答も Mari. で。

お気をつけて。
## Hati-hati.
ハティハティ

身体に気をつけてね。
## Jaga diri baik-baik, ya.
ジャガ　ディリ　　バイッバイッ　　　ヤ

文末の ya「〜ね」は確認や念押しを表します。省略して Baik-baik, ya. とも言います。

バイバイ。／じゃあね。
## Dadah. / Dah.
ダダ　　　　ダア

親しい人への気軽なあいさつです。

**A** また会いましょう。さようなら。

# Sampai jumpa lagi. Selamat malam.

サンパイ　　　　ジュンパ　　　ラギ　　　　スラマッ　　　　　マラム

「さようなら」は時間帯によって使い分けてください（→P026）。

**B** また会いましょう。さようなら。

# Sampai bertemu lagi. Selamat malam.

サンパイ　　　　ブルトゥム　　　ラギ　　　　スラマッ　　　　　マラム

bertemu「会う」の代わりに気軽な表現の ketemu［クトゥム］もよく使われます。

- - - - - - - - - - - - - - - - - - - - - - - - - - - - - - - - - - - - -

**A** 行ってらっしゃい。／さようなら。

# Selamat jalan.

スラマッ　　　　ジャラン

旅行などでしばらく会わない人に使い、家族、会社、学校などで日常会う人には使いません。日常の「さようなら」は上の会話文を使いましょう。

**B** 行ってきます。／さようなら。

# Selamat tinggal.

スラマッ　　　　ティンガル

上記**A**への返答です。

**A** 道中お気をつけて。

# Hati-hati di jalan.

ハティハティ　　　ディ　ジャラン

**B** あなたも気をつけてね。

# Anda juga hati-hati, ya.

アンダ　　　ジュガ　　　ハティハティ　　　ヤ

Day1

Day2

Day3

Day4

Day5

Day6

Day7

項目別単語

# 06 お礼とおわび

🔊 009

ありがとう。

# Terima kasih.

トゥリマ　　カスィ

おみやげをありがとう。

# Terima kasih atas oleh-olehnya.

トゥリマ　　カスィ　　アタス　　　オレオレニャ

**atas**「〜を」の後には名詞が入ります。**oleh-oleh**「おみやげ」は、**hadiah**［ハディア］「プレゼント」、**foto**［フォト］「写真」に入れ替え可。

あなたのご配慮に感謝します。

# Terima kasih atas perhatian Anda.

トゥリマ　　カスィ　　アタス　　ブルハティアン　　アンダ

**perhatian**「ご配慮」は、**bantuan**［バントゥアン］「ご助力」、**nasihat**［ナスィハッ］「ご助言」、**undangan**［ウンダ（ン）ガン］「ご招待」に入れ替え可。便宜上、「あなた」は **Anda** にしていますが、相手の年齢や性別によって使い分けてください（→P051）。

- - - - - - - - - - - - - - - - - - - - - - - - - - - - - - - - - - -

**A** │ どうもありがとう。

# Terima kasih banyak.

トゥリマ　　カスィ　　　バニャッ

**banyak**「たくさんの」を付けると感謝の気持ちが強調されます。

**B** │ どういたしまして。

# Sama-sama. / Kembali.

サマサマ　　　　　　クンバリ

**sama-sama** は自分も **sama**「同じ、同様」に感謝する、**kembali**「戻る」は感謝が相手に戻るという意味です。

ごめん。／ ごめんなさい。

# Sori. / Maaf. / Minta maaf.

ソリ　　　マアフ　　　ミンタ　　マアフ

申し訳ありません。

# Mohon maaf.

モホン　　マアフ

> 英語の I'm sorry. に相当する謝罪の表現
> で、Mohon maaf. が最もていねいです。

**A** ごめんなさい。

# Minta maaf.

ミンタ　　　マアフ

**B** 何でもありません。／大丈夫です。／構いません。

# Tidak apa-apa.

ティダッ　　アパアパ

インドネシアでは謝罪への返答だけでなく、ミスをした人も使うので、日本人は「それは
こちらのセリフ！」と言いたくなります。しかし、日本人が自分の過ちを謝罪するのに対
して、インドネシア人は「たいした問題ではない」「私が解決するので大丈夫」などの意
味で使います。憤慨する相手を落ち着かせるための気遣いの言葉なのです。

すみません。

# Permisi.

プルミスィ

> 英語の Excuse me. に相当し、人に呼びかけ
> たり、人ごみを通り抜ける時などに使います。

**A** すみませんが、おうかがいしてもいいですか?

# Permisi, boleh bertanya?

プルミスィ　　　ボレ　　　　プルタニャ

> 道を尋ねたり、質問する
> 前に使います。

**B** どうぞ。

# Silakan.

スィラカン

# 07 返事とあいづち

🔊 010

| はい。 | いいえ。 | 違います。 |
| --- | --- | --- |
| **Ya.** | **Tidak.** | **Bukan.** |
| ヤ | ティダッ | ブカン |

tidak は動詞と形容詞の否定、bukan は名詞の否定に使います。答え方は **P063**。

| 承知しました。 | 了解です。 |
| --- | --- |
| **Baik.** | **Oke.** |
| バイッ | オケ |

**Oke.** は気軽な表現です。

| わかりました。 | わかりません。 |
| --- | --- |
| **Saya mengerti.** | **Saya tidak mengerti.** |
| サヤ　ム(ン)グルティ | サヤ　ティダッ　ム(ン)グルティ |

相手の言っていることを理解したかどうかの返答です。

| 知っています。 | 知りません。 |
| --- | --- |
| **Saya tahu.** | **Saya tidak tahu.** |
| サヤ　タウ | サヤ　ティダッ　タウ |

尋ねられたことや事実について自分が知っているかどうかの返答です。tahu を [タフ] と発音すると「豆腐」になってしまうので注意。

もちろんです。

**Tentu saja.**
トゥントゥ　サジャ

| 本当ですか? | 本当です。 |
| --- | --- |
| **Benar? / Betul?** | **Benar. / Betul.** |
| ブナル　　ブトゥル | ブナル　　ブトゥル |

同じ単語でも、疑問文は文末を上げ調子、その返答は文末を下げ調子に読むだけで**OK**。

ああ、そうですか。

# Oh, begitu.

オ　　　ブギトゥ

相手の話を理解して納得した時に用います。

おめでとう。　／　（あなたの）ご成功おめでとう。

# Selamat. / Selamat atas kesuksesan Anda.

スラマッ　　　　　スラマッ　　　アタス　　　クスクセサン　　　アンダ

祝辞の詳細は**P184**。

やった!

# Hore!

ホレ

英語の hurray「やった、万歳」と同じ意味で、自分にもほかの人にも使います。

ありえない。／不可能だ。

# Tidak mungkin. / Mustahil.

ティダッ　　　ムン(グ)キン　　　ムスタヒル

しかたがない。

# Apa boleh buat.

アパ　　　ボレ　　　ブアッ

がまんして。

# Sabar.

サバル

いやです。／いりません。

# Saya tidak mau.

サヤ　　ティダッ　　マウ

「したくない」「ほしくない」とはっきり断る表現です。しつこい物売りに **Nanti.**〔ナンティ〕「あとで」などあいまいに断るのは禁物。要求、希望の詳細は **P096**。

# 08 感情を伝える

🔊 011

私は楽しい。
## Saya senang.
サヤ　スナン（グ）

このパーティーは楽しい。
## Pesta ini menyenangkan.
ペスタ　イニ　ムニェナン（グ）カン

主語が「人」と「物」では、「楽しい」の単語が異なることに注意しましょう。

（興味深くて）おもしろい。
## Menarik.
ムナリッ

（おかしくて）おもしろい。／（赤ん坊・幼児が）かわいい。
## Lucu.
ルチュ

（人・物が）美しい。／きれい。／かわいい。
## Cantik.
チャンティッ

すばらしい。
## Bagus.
バグス

（人・物が）かっこいい。／（映画やコンサートなどで）感動した。
## Keren.
クレン

疲れた。
## Capai./Lelah.
チャパイ　　　ルラ

口語では cape［チャペ］と発音します。

飽きた。／うんざりした。

# Bosan.

ボサン

おっくうだ。／気が進まない。

# Malas.

マラス

めんどくさい！

# Merepotkan!

ムレポッカン

あなたに任せる。

# Terserah kepada Anda.

トゥルスラ　　　クパダ　　アンダ

kepada は口語ではよく省略されます。

とても残念。

# Sayang sekali.

サヤン（グ）　スカリ

sekali「とても」など程度を表す語は P070 を参照して入れ替えてください。

（人・物事・状況が）大変だ！／やばい！

# Gawat!

ガワッ

フォーマルな場面にも気軽な場面にも使います。

（人・物事・状況が）ひどい！

# Parah!

パラ

Day1

Day2

Day3

Day4

Day5

Day6

Day7

項目別単語

## 練習問題

**1** 次の文をインドネシア語にしてみましょう。

**❶** こんにちは（16時ごろ）。

**❷** ひさしぶり。

**❸** お先に失礼します。

**❹** お気をつけて。

**❺** また会いましょう。

**❻** （相手に呼びかける時に）すみません。

**❼** 承知しました。／了解です。

**❽** わかりました。

**❾** もちろんです。

**❿** 私は楽しいです。

**❶ Selamat sore.** →P026

スラマッ　　ソレ

**❷ Sudah lama tidak jumpa / ketemu.** →P029

スダ　　ラマ　ティダッ　ジュンパ　　クトゥム

**❸ Saya permisi dulu.** →P030

サヤ　プルミスィ　ドゥル

**❹ Hati-hati.** →P030

ハティハティ

**❺ Sampai jumpa / bertemu lagi.** →P031

サンパイ　　ジュンパ　　プルトゥム　ラギ

**❻ Permisi.** →P033

プルミスィ

**❼ Baik. / Oke.** →P034

バイッ　　オケ

**❽ Saya mengerti.** →P034

サヤ　ム(ン)グルティ

**❾ Tentu saja.** →P034

トゥントゥ　サジャ

**❿ Saya senang.** →P036

サヤ　スナン(グ)

## 練習問題

**2** 次の会話文をインドネシア語にしてみましょう。

**❶** A：お元気ですか?

B：元気です。

**❷** A：ありがとう。

B：どういたしまして。

**❸** A：ごめんなさい。

B：大丈夫です。

解答

**❶** A：Apa kabar? →P027
アパ　　カバル

B：Baik-baik saja.
バイッバイッ　サジャ

**❷** A：Terima kasih. →P032
トゥリマ　　カスィ

B：Sama-sama. / Kembali.
サマサマ　　　　　クンバリ

**❸** A：Maaf. / Minta maaf. →P033
マアフ　　ミンタ　マアフ

B：Tidak apa-apa.
ティダッ　アパアパ

# Hari ke-2 (Day 2)

# インドネシア語の
# しくみを知ろう

インドネシア語の発音は難しくありませんが、一部、
注意すべき発音があります。子音は似ている発音を
まとめて違いを比較できるようにしました。基本文法で
は、数詞、人称代名詞などの必須単語や表現を覚えて
から、基本文型、否定文、疑問文を理解し、さらに表現
力を高める前置詞、助動詞、接続詞を学びます。

Mereka datang.
⇩
Mereka tidak datang.

# 01／文字と発音　🔊 012

インドネシア語はアルファベット表記で、ほぼローマ字読みです。

| 大文字 | 小文字 | 発音 | | 大文字 | 小文字 | 発音 | |
|---|---|---|---|---|---|---|---|
| A | a | a | アー | N | n | en | エン |
| B | b | be | ベー | O | o | o | オー |
| C | c | ce | チェー | P | p | pe | ペー |
| D | d | de | デー | Q | q | ki | キー |
| E | e | e | エー | R | r | er | エル |
| F | f | ef | エフ | S | s | es | エス |
| G | g | ge | ゲー | T | t | te | テー |
| H | h | ha | ハー | U | u | u | ウー |
| I | i | i | イー | V | v | ve | フェー |
| J | j | je | ジェー | W | w | we | ウェー |
| K | k | ka | カー | X | x | eks | エクス |
| L | l | el | エル | Y | y | ye | イェー |
| M | m | em | エム | Z | z | zet | ゼッ |

日常生活では、略語が多く使われます。次の略語を読んでみましょう。
**AC** は、習慣上［アーチェー］ではなく［アーセー］と読みます。

**AC** (= *air conditioner*) エアコン　**HP** (= *hand phone*) 携帯電話
アーセー　　　　　　　　　　　　　　　　　ハーペー

# 02 / 母音

## ❶ 単母音 🔊 013

インドネシア語の単母音は **a, i, u, é, e, o** の6つです。**e** には **é** [エ] と **e** [あいまいなウ] の2種類ありますが、規則性はなく、単語を1つずつ覚えるしかありません。通常は区別して表記しませんが、次の表のみ **é** [エ] と表記しました。**e** [あいまいなウ] は「エ」の口の形で「ウ」と弱く発音します。**u** は日本語の「ウ」よりも唇を丸めて突き出します。**a, i, é, o** は日本語とほぼ同じ発音です。

| | | | | |
|---|---|---|---|---|
| **a**<br>ア | **atas**<br>アタス | 上 | **badan**<br>バダン | 身体 |
| **i**<br>イ | **isi**<br>イスィ | 中身<br>内容 | **gigi**<br>ギギ | 歯 |
| **u**<br>ウ | **usia**<br>ウスィア | 年齢 | **susu**<br>スス | ミルク |
| **é**<br>エ | **bésok**<br>ベソッ | 明日 | **bébas**<br>ベバス | 自由な |
| **e**<br>あいまいなウ | **emas**<br>ウマス | 黄金 | **segera**<br>スグラ | すぐに |
| **o**<br>オ | **olahraga**<br>オララガ | 運動<br>スポーツ | **kotor**<br>コトル | 汚い |

注）**u** [ウ] と **e** [あいまいなウ] はカタカナ表記は同じですが、発音は明確に違うので、別の単語にならないように区別して発音しましょう。

| | | | | |
|---|---|---|---|---|
| **u**<br>ウ | **pusat**<br>プサッ | 中心 | **muntah**<br>ムンタ | 吐く |
| **e**<br>あいまいなウ | **pesat**<br>プサッ | 急速な | **mentah**<br>ムンタ | 生の<br>未熟な |

## ❷ 二重母音 🔊 014

二重母音は ai, au, oi の3つですが、oi の数は多くありません。二重母音は a-i, a-u, o-i と母音を1つずつ発音するのではなく、続けて発音します。口語では ai を［エ］、au を［オウ］と発音することがあります。

| | | | | |
|---|---|---|---|---|
| **ai**<br>アイ／エ（口語） | **pakai**<br>パカイ／パケェ | 着る<br>使う | **bagaimana**<br>バガイマナ／バゲマナ | どのような |
| **au**<br>アウ／オウ（口語） | **hijau**<br>ヒジャウ／ヒジョウ | 緑 | **saudara**<br>サウダラ／ソウダラ | 兄弟 |
| **oi**<br>オイ | **boikot**<br>ボイコッ | ボイコット | **sepoi**<br>スポイ | そよそよ<br>（吹く） |

## ❸ 同じ母音の連続 🔊 015

同じ母音は続けて発音せずに、1つずつ区切って発音します。

| | | | | |
|---|---|---|---|---|
| **a + a**<br>アア<br>×アー | **maaf**<br>マアフ<br>×マーフ | ごめんなさい | **perusahaan**<br>プルサハアン<br>×プルサハーン | 会社 |

# 03 / 子音

似ている発音の子音をまとめて覚えると正しく発音できます。

## ❶ l, r 🔊 016

共に「ラ行」の子音ですが、l は舌先を上の前歯の歯ぐきに当て、舌の両側から息を出します。r は舌先をどこにも触れさせずに巻き舌で発音します。発音をまちがえると別の単語になるので注意しましょう。

| | | | | |
|---|---|---|---|---|
| **l**<br>ラ行 | **lagu**<br>ラグ | 歌 | **beli**<br>ブリ | 買う |
| **r**<br>巻き舌のラ行 | **ragu**<br>ラグ | ためらう | **beri**<br>ブリ | 与える |

❷ c, j　🔊 017

cは「チャ行」、jは「ジャ行」の子音です。

| c<br>チャ行 | cinta<br>チンタ | 愛<br>愛する | cucu<br>チュチュ | 孫 |
|---|---|---|---|---|
| j<br>ジャ行 | janji<br>ジャンジ | 約束 | jujur<br>ジュジュル | 正直な |

❸ f, v, s, z, sy　🔊 018

fとvは同じ発音で、共に「ファ行」の子音です。sは「サ行」の子音ですが、siは「シ」ではなく「スィ」と発音します。zは「ザ行」、syは「シャ行」の子音です。

| f<br>ファ行 | fotokopi<br>フォトコピ | コピー | lift<br>リフ | エレベーター |
|---|---|---|---|---|
| v<br>ファ行 | visa<br>フィサ | ビザ | universitas<br>ウニフルスィタス | 大学 |
| s<br>サ行 | sesat<br>スサッ | 道に迷う | silakan<br>スィラカン | どうぞ |
| z<br>ザ行 | zaman<br>ザマン | 時代 | izin<br>イズィン | 許可 |
| sy<br>シャ行 | syarat<br>シャラッ | 条件 | masyarakat<br>マシャラカッ | 社会 |

❹ w, y　🔊 019

wは「ワ行」、yは「ヤ行」の子音です。wは日本語の「ワ」よりも唇を丸めてください。

| w<br>ワ行 | warna<br>ワルナ | 色 | awas<br>アワス | 危ない!<br>注意! |
|---|---|---|---|---|
| y<br>ヤ行 | kaya<br>カヤ | 金持ちの | bahaya<br>バハヤ | 危険な |

❺ p, b 🔊 020

pは「パ行」、bは「バ行」の子音で、閉じている唇を開く時に一気に息を出します。語末のp, bはP048をご参照ください。

| p パ行 | panas パナス | 暑い 熱い | sepupu スププ | いとこ |
|---|---|---|---|---|
| b パ行 | baju バジュ | 服 | bubur ブブル | おかゆ |

❻ t, d 🔊 021

tは「タ行」、dは「ダ行」の子音です。舌先を上の歯ぐきに押し当て、舌先を歯ぐきからはずすと同時に一気に息を出します。語末のt, dはP048をご参照ください。

| t タ行 | tutup トゥトゥッ(プ) | 閉まる | istri イストゥリ | 妻 |
|---|---|---|---|---|
| d ダ行 | duduk ドゥドゥッ | 座る | sedih スディ | 悲しい |

❼ k, g, kh 🔊 022

kは「カ行」、gは「ガ行」の子音で、khはkよりものどの奥から息を「ハッ」と強く吐く「カ行」と「ハ行」の中間音です。khasとkas〔カス〕「金庫」を区別して発音しましょう。語末のk, gはP048をご参照ください。

| k カ行 | kiri キリ | 左 | kuku クク | 爪 |
|---|---|---|---|---|
| g ガ行 | gigit ギギッ | 噛む | guru グル | 先生 教師 |
| kh 息を強く吐く ハ行とカ行の中間音 | khas ハス | 独特な 特有の | akhir アヒル | 終わり |

**❽ m, n, ny** 🔊 023

mは「マ行」、nは「ナ行」、nyは「ニャ行」の子音です。語末のm, nは
**P048**をご参照ください。

| m<br>マ行 | masuk<br>マスッ | 入る | nomor<br>ノモル | 番号 |
|---|---|---|---|---|
| n<br>ナ行 | nenek<br>ネネッ | 祖母 | nanas<br>ナナス | パイナップル |
| ny<br>ニャ行 | nyanyi<br>ニャニ | 歌う | banyak<br>バニャッ | 多い |

**❾ 語頭、語中、語末のh** 🔊 024

語頭のhは、発音するものと音が弱くなったり発音されないものがあり
ます。語中のhは、その前後が同じ母音の場合は発音しますが、異なる母
音の場合は発音されないことがあります。語末のhは軽く息を吐きます。

| 語頭の<br>h<br>ハ行 | hilang<br>ヒラン(グ) | 消失する<br>紛失する | habis<br>ハビス／アビス | 尽きる<br>なくなる |
|---|---|---|---|---|
| 語中の<br>h<br>ハ行 | bahan<br>バハン | 材料<br>原料 | pahit<br>パヒッ／パイッ | 苦い |
| 語末の<br>h<br>「ハー」と息を吐く | mudah<br>ムダ | 簡単な | bawah<br>バワ | 下 |

注）次の単語は最後に息を吐きません。語末のhが付く単語との発音の違
いに気を付けましょう。

| （比較）<br>語末のhが<br>ない場合 | muda<br>ムダ | 若い | bawa<br>バワ | 持って行く<br>持って来る |
|---|---|---|---|---|

## ⑩ 語末の p, b, t, d, k, g 🔊 025

　各子音の直前でその子音を発音する口の形で発音を止め、「アッ、イッ」のように発音します。語末の **p, b** は最後にしっかりと口を閉じます。

| 語末の<br>**p, b**<br>口を閉じる | **tetap**<br>トゥタッ（プ） | 定まった | **nasib**<br>ナスィッ（ブ） | 運命 |
|---|---|---|---|---|
| 語末の<br>**t, d** | **dekat**<br>ドゥカッ | 近い | **abad**<br>アバッ | 世紀 |
| 語末の<br>**k, g** | **kakak**<br>カカッ | 兄<br>姉 | **katalog**<br>カタロッ（グ） | カタログ |

## ⑪ 語末の m, n, ng、語中の ng 🔊 026

　語末の **m** は口を閉じます。語末の **n** は舌先を上の歯ぐきに押し当て、鼻から息を抜きます。語末の **ng** は鼻音の「ン（グ）」です。語中の **ng** は鼻から息が抜ける鼻濁音の「（ン）ガ行」の子音で、**ng** は n を飲み込むように発音するため、**ban-gun, den-gan** ではなく **ba-ngun, de-ngan** と区切ります。

| 語末の<br>**m**<br>口を閉じる | **asam**<br>アサム | 酸っぱい | **demam**<br>ドゥマム | 熱のある |
|---|---|---|---|---|
| 語末の<br>**n**<br>ン | **asin**<br>アスィン | 塩辛い | **teman**<br>トゥマン | 友だち |
| 語末の<br>**ng**<br>ン（グ） | **asing**<br>アスィン（グ） | 外国の | **tenang**<br>トゥナン（グ） | 落ち着いた |
| 語中の<br>**ng**<br>（ン）ガ行 | **bangun**<br>バ（ン）グン | 起きる | **dengan**<br>ドゥ（ン）ガン | ～と共に |

注）語中の子音の連続は、子音の間に母音が入らないように発音します。

| **waktu**<br>ワクトゥ | 時間 | **ahli**<br>アフリ | 専門家 | **harga**<br>ハルガ | 値段 |
|---|---|---|---|---|---|

# Kolom
### ( Column )

## 主な民族の言語と発音の特徴

| | | |
|---|---|---|
| ジャワ | ジャワ島　ジョグ ジャカルタ、スマ ラン、スラバヤ | ~, kan [カン] ? 「～でしょう?」は ~, to [ト] ? の ようにジャワ語がよく混在する。語頭の b の前に m を入れ Bali [バリ] は [ンバリ] と発音。 |
| スンダ | ジャワ島 バンドン | fajar を pajar のように f を p と発音し、名詞の後に mah [マ] 「～というものは」を入れて、saya mah [サヤ　マ] 「私って」などと話す。 |
| ブタウィ | ジャワ島 ジャカルタ | apa [アパ] を ape [アペ] のように語末の a を e と発 音。gua [グア] , gue [グエ] 「俺」というブタウィ 語は「都会人である私」の代名詞。 |
| アチェ | スマトラ島 アチェ | saya [サヤ] を [サユ] のようにマレー語風に発音 し、マレー語の awak [アワッ] 「君」を使う。 |
| バタック | スマトラ島 メダン | [あいまいなウ] 音の e を [エ] と発音するため selamat [スラマッ] は [セラマッ] になる。 |
| ミナンカ バウ | スマトラ島 パダン | 多少古めかしいが詩など文学的な表現が多い。 apa を apo のように語末の a を o と発音する。 |
| ブギス | スラウェシ島 マカッサル | 語末の n を ng、kau [カウ] 「君」を ko [コー] と 発音し Datang ko. など動詞＋主語の順になる。 |
| マレーポンティ アナック | カリマンタン島 ポンティアナック | カリマンタン島北部がマレーシアとの国境に隣接 しているため、言語はマレー語に近い。 |
| バリ | バリ島 デンパサール | 語末の a は [あいまいなウ] と [オ] の中間音で apa [アパ] を [アポゥ] と発音し、t は th と発音。 |
| アンボン | マルク諸島 アンボン | Itu rumah punya dia. は Itu dia punya rumah. と言 い、所有格の語順が異なる。「私」は beta [ベタ]。 |
| パプア | パプア島 パプア | empat は ampat, kanan は kanang, hilang は hilan のように e を a、語末の n を ng、ng を n と発音。 |

## 04 / 単語の構成 🔊 027

語幹（元になる語）に接頭辞や接尾辞が付くと、語幹に関連する別の意味の単語になったり、様々な意味や機能を追加（→P052, P063）します。

## 05 / 指示代名詞、場所の副詞 🔊 028

人にも物にも使います。近いものは ini、遠いものは itu で表します。

| ini<br>イニ | これ、こちら | itu<br>イトゥ | それ、そちら、あれ、あちら | | |
|---|---|---|---|---|---|
| sini<br>スィニ | ここ、こちら | situ<br>スィトゥ | そこ、そちら | sana<br>サナ | あそこ、あちら |

これはコーヒーです。

**Ini kopi.**
イニ　コピ

そちら／あちらは医師です。

**Itu dokter.**
イトゥ　ドクトゥル

あそこにあります。／あちらにいます。

**Ada di sana.**
アダ　ディ　サナ

あちらこちらにあります。／あちらこちらにいます。

**Ada di sana sini.**
アダ　ディ　サナ　スィニ

# 06 / 人称代名詞 🔊 029

○ 「私たち」には話し相手を含める **kita** と含めない **kami** があります。

○ 「あなた」は相手の年齢や性別によって使い分けます。**Day 3** 以降の例文にある下線部「あなた」は場面に応じて入れ替えてください。

○ 尊敬と親しみが込められた **Bapak / Pak, Ibu / Bu** は、先生、医師、役職者には年下にも用いられ、名前の前に付けると「〜さん、〜先生」になります。また、語頭が小文字の場合は **bapak**「父」、**ibu**「母」という意味です。英語の **ladies and gentlemen** に相当する **Bapak-bapak dan Ibu-ibu**「皆さま」は、男性、女性の順番です。

○ **Anda** はフォーマルで親しみに欠けるため、親しい人には **Doni**［ドニ］など名前で呼びます。

○ **ia** は主語にのみ用い、**Day 3** 以降の **dia, ia** は「彼」と表記しました。

| 人称 | 単数 | | 複数 | |
|---|---|---|---|---|
| 1人称 | 私 | **saya**<br>サヤ | 私たち<br>(話し相手を含める) | **kita**<br>キタ |
| | | | 私たち<br>(話し相手を含めない) | **kami**<br>カミ |
| 2人称 | あなた<br>(目上の男性) | **Bapak**<br>バパッ<br>**Pak**<br>パッ | あなた方<br>(目上の男性) | **Bapak-bapak**<br>バパッバパッ |
| | あなた<br>(目上の女性) | **Ibu**<br>イブ<br>**Bu**<br>ブ | あなた方<br>(目上の女性) | **Ibu-ibu**<br>イブイブ |
| | あなた | **Anda**<br>アンダ | あなたたち | **Anda sekalian**<br>アンダ　スカリアン |
| 3人称 | 彼、彼女 | **dia / ia**<br>ディア　イア | 彼ら、彼女ら | **mereka**<br>ムレカ |

# 07 ／ 数詞  🔊 030

## ❶ 0〜9

**nol** は数字一般、**kosong** は電話番号、部屋番号によく使います。

## ❷ 10、100、1000、100万、10億、1兆

各単位の前に数字を入れます。1（**satu**［サトゥ］）のみ接頭辞 **se-**［ス］を用いますが、**100万**以上の大きい数には **satu** がよく使われます。

| | | | | | |
|---|---|---|---|---|---|
| 0 | **nol / kosong**<br>ノル　　コソン(グ) | | | 10 | **sepuluh**<br>スプル |
| 1 | **satu**<br>サトゥ | ＋ | **puluh**<br>プル | 20 | **dua puluh**<br>ドゥア　プル |
| 2 | **dua**<br>ドゥア | | | 21 | **dua puluh satu**<br>ドゥア　プル　サトゥ |
| 3 | **tiga**<br>ティガ | | | 100 | **seratus**<br>スラトゥス |
| 4 | **empat**<br>ウンパッ | 百 | **ratus**<br>ラトゥス | 110 | **seratus sepuluh**<br>スラトゥス　スプル |
| 5 | **lima**<br>リマ | | | 300 | **tiga ratus**<br>ティガ　ラトゥス |
| 6 | **enam**<br>ウナム | 千 | **ribu**<br>リブ | 1000 | **seribu**<br>スリブ |
| 7 | **tujuh**<br>トゥジュ | 百万 | **juta**<br>ジュタ | 100万 | **satu juta**<br>サトゥ　ジュタ |
| 8 | **delapan**<br>ドゥラパン | 十億 | **miliar**<br>ミリアル | 10億 | **satu miliar**<br>サトゥ　ミリアル |
| 9 | **sembilan**<br>スンビラン | 一兆 | **triliun**<br>トゥリリウン | 1兆 | **satu triliun**<br>サトゥ　トゥリリウン |

## ❸ 11〜19

「十一」「十二」の「十」に当たるのは **belas** で、その前に数字を置きますが、11のみ **satu**〔サトゥ〕の代わりに接頭辞 **se-**〔ス〕を付けます。

<table>
<tr><td rowspan="3">十〜 ~ belas</td><td>11</td><td>sebelas<br>スブラス</td></tr>
<tr><td>12</td><td>dua belas<br>ドゥア　ブラス</td></tr>
<tr><td>13</td><td>tiga belas<br>ティガ　ブラス</td></tr>
</table>

## ❹ 1000以上の大きな数字

3ケタごとに区切って読みます。3ケタごとの位取りには **titik**〔ティティッ〕「**.**」、小数点には **koma**〔コマ〕「**,**」を用い、日本語と逆になります。

| 10.000<br>(1万) | sepuluh ribu<br>スプル　リブ | 10.000.000<br>(1千万) | sepuluh juta<br>スプル　ジュタ |
|---|---|---|---|
| 100.000<br>(10万) | seratus ribu<br>スラトゥス　リブ | 100.000.000<br>(1億) | seratus juta<br>スラトゥス　ジュタ |

## ❺ 小数、分数、倍数

小数点は **koma**〔コマ〕で、小数点以下は数字を1つずつ読みます。**setengah**「半（30分）」、**seperempat**「15分（1時間の1/4）」は時刻にも使います（→P068）。

| 0,32 | nol koma tiga dua<br>ノル　コマ　ティガ　ドゥア | 半分 | setengah<br>ストゥ(ン)ガ |
|---|---|---|---|
| 1/4 | seperempat<br>スプルウンパッ | 2倍 | dua kali lipat<br>ドゥア　カリ　リパッ |

## 08 ／ 序数 🔊 031

　序数は数字の前に接頭辞 **ke-** を付け、**ke-1** など「**ke-** 算用数字」で書く
こともあります。通常、「最初、1番目」は **pertama** ですが、**ke-1**「1番
目」、**ke-2**「2番目」、**ke-3**「3番目」などの連番には **ke-1** を使います。

| 最初、1番目 | pertama / kesatu / ke-1 |
|---|---|
| | プルタマ　　クサトゥ　　クサトゥ |

| 2番目 | kedua / ke-2 | 最後 | terakhir |
|---|---|---|---|
| | クドゥア　クドゥア | | トゥルアヒル |

## 09 ／ 回数 🔊 032

　回数には **kali**〔カリ〕「回、度」を用いて、**1**のみ **satu**〔サトゥ〕の代わりに
接頭辞 **se-**〔ス〕を付けます。

| 1回、1度 | sekali | 1回目、1度目 | pertama kali |
|---|---|---|---|
| | スカリ | | プルタマ　　カリ |
| 2回、2度 | dua kali | 2回目、2度目 | kedua kali |
| | ドゥア　カリ | | クドゥア　カリ |

## 10 ／ 通貨 🔊 033

　インドネシアの通貨は **rupiah**（**Rp**）です。通貨の表記は数字の前ですが、
読む時は数字の後に読みます。

| Rp100.000 | seratus ribu rupiah |
|---|---|
| | スラトゥス　　リブ　　ルピア |
| US$2.000,00 | dua ribu dolar Amerika |
| | ドゥア　リブ　ドラル　アメリカ |

Day1
Day2
Day3
Day4
Day5
Day6
Day7
項目別単語

# 11 ／ 助数詞 🔊 034

　「〜人」「〜個」などの助数詞は、**segelas air**「1杯の水」のように、**1**（satu）のみ接頭辞 **se-** を付けることもあります。**buah**［ブア］は「〜個、冊、台、軒」など様々な名詞に用いられ、**biji**［ビジ］「〜個、粒」は小さいものに用いられます。**bungkus** には「テイクアウト」の意味もあります。**satai**「串焼き」［サタイ］は口語では **sate**［サテ］と言い、**1本**なら、**setusuk**［ストゥスッ］または **satu tusuk**［サトゥ　トゥスッ］「1串」です。

| orang<br>オラン(グ) | 人 | seorang pria<br>スオラン(グ)　プリア<br>1人の男性 |
| --- | --- | --- |
| lembar<br>ルンバル | 枚 | dua lembar kertas<br>ドゥア　ルンバル　クルタス<br>2枚の紙 |
| bungkus<br>ブン(グ)クス | 包み | tiga bungkus nasi<br>ティガ　ブン(グ)クス　ナスィ<br>3包みのご飯 |
| porsi<br>ポルスィ | 人分、人前 | empat porsi mi goreng<br>ウンパッ　ポルスィ　ミ　ゴレン(グ)<br>4人前の焼きそば |
| piring<br>ピリン(グ) | 皿 | lima piring satai / sate<br>リマ　ピリン(グ)　サタイ　サテ<br>5皿の串焼き |
| gelas<br>グラス | 杯(コップ) | enam gelas air<br>ウナム　グラス　アイル<br>6杯の水 |
| cangkir<br>チャン(グ)キル | 杯(カップ) | tujuh cangkir teh<br>トゥジュ　チャン(グ)キル　テ<br>7杯の紅茶 |
| botol<br>ボトル | 本(ビン) | delapan botol bir<br>ドゥラパン　ボトル　ビル<br>8本のビール |

# 12 ／ 修飾語　🔊 035

　数量を表す語以外は日本語と逆で、重要な単語である被修飾語（修飾される語）を先に置き、その後に修飾語が来ます。人称代名詞の所有格「〜の」は、三人称単数の **dia**［ディア］「彼／彼女」のみ **dia** よりも接尾辞 **-nya** の方がよく使われます。

## ❶ 数量以外の修飾語の語順

> 被修飾語（修飾される語）　**＋**　修飾語（＋修飾語）

日本人

この部屋

彼／彼女の自転車

私の電話番号

## ❷ 数量を表す語

数詞や数量を表す語は名詞の前に置きます。

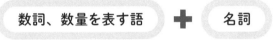

2つの箱

多くの人

いくつかのオートバイ

Day2
Day3
Day4
Day5
Day6
Day7
項目別単語

# 13 / 基本文型  036

　基本文型は「主語 + 述語（名詞／形容詞／動詞）」で、英語の **be** 動詞「〜です」に相当する語は不要です。述語が動詞の場合は後ろに目的語を置くこともあり、語順は英語と同じです。主語や目的語は明らかであれば省略できます。

```
  主語   ＋   述語（名詞／形容詞／動詞）.
```

## ❶ 主語 + 名詞
これは私の携帯電話です。

## ❷ 主語 + 形容詞
彼／彼女の車は新しいです。

Day1

**Day2**

Day3

Day4

Day5

Day6

Day7

項目別単語

### ❸ 主語 + 動詞（+目的語）

目的語は動詞の後に置きます。

## 私は彼／彼女の携帯電話番号を知っています。

| Saya | ＋ | tahu | ＋ | nomor ＋ HP ＋ dia / -nya. |
|---|---|---|---|---|
| サヤ | | タウ | | ノモル　ハーペー　ディア　ニャ |
| 私 | | 知る | | 番号　携帯電話　彼／彼女 |
| 主語 | | 動詞 | | 目的語 |

# 14 ／ 否定文

### ❶ 名詞の否定　🔊 037

**bukan**［ブカン］を名詞の前に置きます。

主語　＋　**bukan**
　　　　　ブカン
　　　　　〜ではない　＋　名詞.

## 私は中国人ではありません。

| Saya | ＋ | bukan | ＋ | orang ＋ Tionghoa. |
|---|---|---|---|---|
| サヤ | | ブカン | | オラン(グ)　ティオン(グ)ホア |
| 私 | | 〜ではない | | 中国人 |

2014年3月より **Cina**［チナ］「中国」は、**Tiongkok**［ティオン（グ）コッ］「中国」、**Tionghoa**「中国人、華人、中国系の人」、**Mandarin**［マンダリン］「標準中国語」に表記が変わりました。しかし、今でも **Cina** は **masakan Cina**「中華料理」、**restoran Cina**「中華料理店」などに使われています。

## ❷ 形容詞と動詞の否定 🔊 038

　今後、肯定の可能性の低いものは **tidak**［ティダッ］「〜ない」、可能性の高いものは **belum**［ブルム］「まだ〜ない」を各品詞の前に置きます。

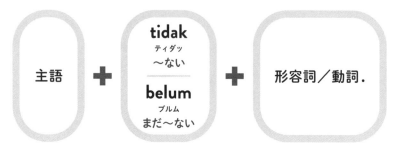

上段：このジュースは冷えていません（事実を述べる）。

下段：このジュースはまだ冷えていません（もっと冷やしたい）。

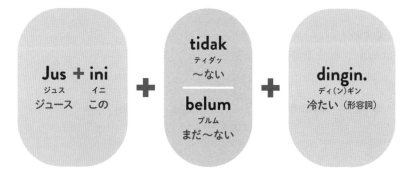

上段：彼らは来ません（欠席します）。

下段：彼らはまだ来ていません（遅れて来ます）。

# ❸ その他の否定 ⇒ 「あまり（形容詞）ない」 🔊 039

tidak begitu が一般的に使われるのに対し、kurang は話者の不満が言外に含まれます。

上段：この部屋はあまり涼しくありません（事実を述べる）。
下段：この部屋はあまり涼しくありません（涼しくしてほしい）。

上段：彼／彼女はあまり親切ではありません（事実を述べる）。
下段：彼／彼女はあまり親切ではありません（不親切なので不満だ）。

❹ その他の否定⇒「全く／少しも（形容詞／動詞）ない」

 040

| 主語 | ＋ | **tidak**<br>ティダッ<br>〜ない | ＋ | 形容詞<br>／動詞 | ＋ | **sama sekali.**<br>サマ　スカリ<br>全く<br><br>**sedikit pun.**<br>スディキッ　プン<br>少しも |

このスープは全然辛くありません。

| **Sup＋ini**<br>スッ(プ)　イニ<br>スープ　この | ＋ | **tidak**<br>ティダッ<br>〜ない | ＋ | **pedas**<br>プダス<br>辛い（形容詞） | ＋ | **sama sekali.**<br>サマ　スカリ<br>全く |

今日は全く暑くありません。

| **Hari ini**<br>ハリ　イニ<br>今日 | ＋ | **tidak**<br>ティダッ<br>〜ない | ＋ | **panas**<br>パナス<br>暑い（形容詞） | ＋ | **sama sekali.**<br>サマ　スカリ<br>全く |

私は少しもわかりません。

| **Saya**<br>サヤ<br>私 | ＋ | **tidak**<br>ティダッ<br>〜ない | ＋ | **mengerti**<br>ム(ン)グルティ<br>わかる（動詞） | ＋ | **sedikit pun.**<br>スディキッ　プン<br>少しも |

# 15 ／ 疑問文と答え方 🔊 041

## ❶ 疑問文の作り方

疑問詞のない疑問文は次の**3種類**で、文末には「？」を付けます。

①平叙文の文末を上げ調子に言います（口語）。

②平叙文の前に **apakah**［アパカ］**/ apa**［アパ］（口語）「〜ですか？」を付けます。この **apa**［アパ］は疑問詞 **apa**［アパ］「何」（→P064）とは別の単語です。

③平叙文の後に接尾辞 **-kah**［カ］を付けます。

| 平叙文 | **Dia orang Korea.**<br>ディア オラン(グ) コレア | 彼／彼女は<br>韓国人です。 |
|---|---|---|
| 疑問文① | **Dia orang Korea?** ↗<br>ディア オラン(グ) コレア | |
| 疑問文② | **Apakah / Apa dia orang Korea?**<br>アパカ アパ ディア オラン(グ) コレア | 彼／彼女は<br>韓国人ですか？ |
| 疑問文③ | **Dia orang Koreakah?**<br>ディア オラン(グ) コレア カ | |

## ❷ 疑問文の答え方

次の肯定は、疑問文の述語が名詞、形容詞、動詞のいずれの場合の返答にも使います。否定の **Bukan.** は名詞の場合の返答、**Tidak.** は形容詞と動詞の場合の返答に使います。否定文（→P059）もご参照ください。

| | | | |
|---|---|---|---|
| 肯定 | **Ya.**<br>ヤ | はい。 | 名詞<br>形容詞<br>動詞 |
| | **Ya, betul. / Ya, benar.**<br>ヤ ブトゥル ヤ ブナル | はい、そうです。 | |
| 否定 | **Bukan.**<br>ブカン | 違います。 | 名詞 |
| | **Tidak.**<br>ティダッ | いいえ。 | 形容詞<br>動詞 |

# 16 ／ 疑問詞 🔊 042

| apa<br>アパ | 何 | **Mau minum apa?**<br>マウ　　ミヌム　　アパ<br>何を飲みたいですか？ |
|---|---|---|
| siapa<br>スィアパ | だれ | **Ini koper siapa?**<br>イニ　　コプル　スィアパ<br>これはだれのスーツケースですか？ |
| kapan<br>カパン | いつ | **Kapan pulang ke Jepang?**<br>カパン　　プラン(グ)　ク　ジュパン(グ)<br>いつ日本に帰りますか？ |
| berapa<br>ブラパ | いくら<br>いくつ<br>何〜 | **Berapa harga mangga ini?**<br>ブラパ　　ハルガ　　マンガ　　イニ<br>このマンゴーの値段はいくらですか？<br>**Mau berapa buah?**<br>マウ　　ブラパ　　ブア<br>何個ほしいですか？ |
| bagaimana<br>バガイマナ | どのように | **Bagaimana caranya?**<br>バガイマナ　　　チャラニャ<br>どのような方法ですか？ |
| yang mana<br>ヤン(グ)　マナ | どちら | **Suka yang mana?**<br>スカ　ヤン(グ)　マナ<br>どちらが好きですか？ |
| di mana<br>ディ　マナ | どこで | **Makan di mana?**<br>マカン　ディ　マナ<br>どこで食べますか？ |
| kenapa<br>クナパ<br>mengapa<br>ム(ン)ガパ | なぜ<br>どうして | **Kenapa / Mengapa tidak ikut?**<br>クナパ　　　　ム(ン)ガパ　　ティダッ　イクッ<br>なぜ参加しないのですか？ |
| → karena<br>カルナ | なぜなら | **Karena ada urusan.**<br>カルナ　　アダ　　ウルサン<br>なぜなら用事があるからです。 |

# 17 ／ 年月日　🔊 043

　次の○には「日、週、月、年」、△には「週、月、年」、～には「数字」を入れます。日にちは、日本語と逆で「日、月、年」の順番になります。曜日は **P226**、月は **P227** を参照してください。

Day1
Day2
Day3
Day4
Day5
Day6
Day7
項目別単語

| 日 | **hari** ハリ | 週 | **minggu** ミング |
|---|---|---|---|
| 月 ～か月 | **bulan** ブラン | 年 | **tahun** タフン |
| 今○ | ○ **ini** イニ | 今日 | **hari ini** ハリ　イニ |
| 昨日 | **kemarin** クマリン | 明日 | **besok / esok** ベソッ　エソッ |
| 一昨日 | **kemarin dulu** クマリン　ドゥル | 明後日 | **lusa** ルサ |
| 先△ 昨△ | △ **(yang) lalu** ヤン(グ)　ラル | 先週 | **minggu (yang) lalu** ミング　ヤン(グ)　ラル |
| 来△ | △ **depan** ドゥパン | 来週 | **minggu depan** ミング　ドゥパン |
| ～○前 | ～ ○ **(yang) lalu** ヤン(グ)　ラル | 2日前 | **2 hari (yang) lalu** ドゥア　ハリ　ヤン(グ)　ラル |
| ～○後 | ～ ○ **lagi** ラギ | 2日後 | **2 hari lagi** ドゥア　ハリ　ラギ |
| 毎○ | **setiap / tiap** ○ スティアッ(プ)　ティアッ(プ) | 毎日 | **setiap / tiap hari** スティアッ(プ)　ティアッ(プ)　ハリ |
| ～○間 | ～ ○ | 2日間 | **2 hari** ドゥア　ハリ |

**kemarin** は「先日」など近い過去、**besok, esok** は「今度、あとで」など近い将来を指すこともあります。**jam karet**［ジャム　カレッ］「ゴムの時間（ゴムのように時間が延びること）」に象徴されるおおらかなインドネシアでは、場面に応じていつを指すのか推測することも必要です。

**A** 今日は何曜日ですか?

# Hari ini hari apa?
ハリ　　イニ　　ハリ　　アパ

**B** 今日は月曜日です。

# Hari ini hari Senin.
ハリ　　イニ　　ハリ　　スニン

**A** 来月は何月ですか?

# Bulan depan bulan apa?
ブラン　　　ドゥパン　　ブラン　　アパ

**Bulan berapa?** と尋ねることもありますが、その場合の答えは **Bulan tiga.** ［ブラン　ティガ］「3月です」。

**B** 来月は3月です。

# Bulan depan bulan Maret.
ブラン　　　ドゥパン　　ブラン　　マルツ

**A** 今日は何日ですか?

# Hari ini tanggal berapa?
ハリ　　イニ　　タンガル　　　ブラパ

日にちを尋ねる時は、**apa**「何」ではなく、**berapa**「いくつ」になることに注意しましょう。

**B** 2023年8月17日です。

# Tanggal 17 Agustus 2023.
タンガル　トゥジュ プラス　アグストゥス　ドゥア リブ ドゥア プルティガ

8月17日は **hari peringatan kemerdekaan**［ハリ　プリ（ン）ガタン　クムルデカアン］「独立記念日」で、各地で式典やパレードが盛大に行われます。

# 18 / 期間 🔊 044

時間の長さを尋ねる疑問詞は **berapa** 「いくつ、どのくらい」です。時間の長さを尋ねるには **jam** を用い、時刻に用いる **pukul** は使いません。

**A** どのくらいの期間（時間）ですか?

## Berapa lama?
ブラパ　　　ラマ

期間のフレーズは **P140〜P143** も参照してください。

**B** 半日です。

## Setengah hari.
ストゥ(ン)ガ　　　ハリ

約1週間です。

## Kira-kira satu minggu.
キラキラ　　サトゥ　　ミング

**A** 何時間（／日間／週間／か月間／年間）ですか?

## Berapa jam (/ hari / minggu / bulan / tahun)?
ブラパ　　　ジャム　　　ハリ　　　ミング　　　ブラン　　　タフン

**B** 3時間（／日間／週間／か月間／年間）です。

## Tiga jam (/ hari / minggu / bulan / tahun).
ティガ　　ジャム　　ハリ　　　ミング　　　ブラン　　　タフン

5年間以上です。

## Lima tahun lebih.
リマ　　　タフン　　ルビ

# 19 ／ 時刻 🔊 045

❶時刻は「pukul / jam + 数字（1～12）」で表します。pukul は標準語で、jam は口語です。lewat「～過ぎ」、menit「分」は省略できますが、lima belas menit「15分」を seperempat「15分（4分の1）」に置き替える場合は menit は使いません。setengah「～半」の場合、後に来る数字がプラス1になるので注意しましょう。24時間表記の数字は、14:00ではなく14.00と書きます。

今、何時ですか？

## Sekarang pukul / jam berapa?
スカラン(グ) 　　　プクル 　　ジャム 　　ブラパ

| pukul / jam<br>プクル　　ジャム | ～時 | **Pukul / Jam 2.**<br>プクル　　ジャム　ドゥア<br>2時です。 |
|---|---|---|
| tepat<br>トゥパッ<br>kira-kira<br>キラキラ | ちょうど<br>～頃 | **Tepat / Kira-kira pukul 3.**<br>トゥパッ　　キラキラ　　　プクル　ティガ<br>3時ちょうど／頃です。 |
| lewat<br>レワッ | ～過ぎ | **Pukul 4 (lewat) 15 (menit).**<br>プクル　ウンパッ　レワッ　リマ　プラス　ムニッ<br>4時15分(過ぎ)です。 |
| seperempat<br>スプルウンパッ | 15分 | **Pukul 4 seperempat.**<br>プクル　ウンパッ　スプルウンパッ<br>4時15分です。 |
| kurang<br>クラン(グ) | ～前 | **Pukul 6 kurang 10 (menit).**<br>プクル　ウナム　クラン(グ)　スプル　ムニッ<br>6時10分前です。 |
| setengah<br>ストゥ(ン)ガ | 半 | **Pukul setengah 9.**<br>プクル　　ストゥ(ン)ガ　スンビラン<br>8時半です。 |

| | | |
|---|---|---|
| **30 menit**<br>ティガ プル ムニッ | 30分 | **Pukul 8 (lewat) 30 (menit).**<br>プクル ドゥラパン レワッ ティガ プル ムニッ<br>8時30分です。 |

注）単語の順番が違うと意味が変わるので、気を付けましょう。

何時ですか？
**Jam berapa?**
ジャム　　　ブラパ

何時間ですか？
**Berapa jam?**
ブラパ　　　ジャム

何年ですか？
**Tahun berapa?**
タフン　　　ブラパ

何年間ですか？
**Berapa tahun?**
ブラパ　　　タフン

❷ pukul 20.00 を pukul dua puluh「20時」ではなく、pukul delapan malam〔プクル　ドゥラパン　マラム〕「夜8時」と言うように、時刻の後には「朝、昼、夕、夜」を付ける言い方が一般的です。正午は「昼12時」、午前0時は「夜12時」と言います。

| | | |
|---|---|---|
| **pagi**<br>パギ | 朝<br>（〜10時） | **pukul tujuh pagi**<br>プクル　　トゥジュ　パギ<br>午前7時 |
| **siang**<br>スィアン(グ) | 昼<br>（10〜15時） | **pukul dua belas siang**<br>プクル　ドゥア　ブラス　スィアン(グ)<br>正午 |
| **sore**<br>ソレ | 夕<br>（15時〜日没） | **pukul empat sore**<br>プクル　　ウンパッ　ソレ<br>午後4時 |
| **malam**<br>マラム | 夜<br>（日没〜） | **pukul dua belas malam**<br>プクル　ドゥア　ブラス　マラム<br>午前0時 |

## 20 / 程度を表す副詞 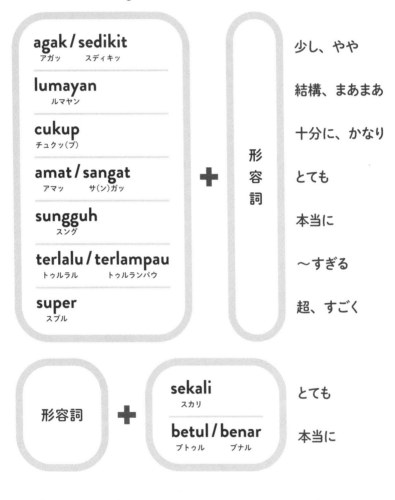 🔊 046

sekali, betul, benar 以外の程度を表す副詞は、形容詞の前に置きます。
口語では「amat / sangat + 形容詞 + sekali」と強調することもあります。

| | | |
|---|---|---|
| **agak / sedikit** アガッ　スディキッ | | 少し、やや |
| **lumayan** ルマヤン | | 結構、まあまあ |
| **cukup** チュクッ(プ) | | 十分に、かなり |
| **amat / sangat** アマッ　サ(ン)ガッ | **＋** 形容詞 | とても |
| **sungguh** スング | | 本当に |
| **terlalu / terlampau** トゥルラル　トゥルランパウ | | 〜すぎる |
| **super** スプル | | 超、すごく |

| 形容詞 | **＋** | **sekali** スカリ | とても |
|---|---|---|---|
| | | **betul / benar** ブトゥル　ブナル | 本当に |

| | | | |
|---|---|---|---|
| **agak** kecil アガッ　クチル | 少し小さい | **sedikit** sempit スディキッ　スンピッ | 少し狭い |
| **lumayan** sulit ルマヤン　スリッ | 結構難しい | **cukup** jauh チュクッ(プ)　ジャウ | かなり遠い |

| sangat kenyang | とても満腹の | sungguh cantik | 本当に美しい |
|---|---|---|---|
| サ(ン)ガッ クニャン(グ) | | スング チャンティッ | |

| terlalu besar | 大きすぎる | enak betul | 本当においしい |
|---|---|---|---|
| トゥルラル ブサル | | エナッ ブトゥル | |

| super pedas | 激辛の | sibuk sekali | とても忙しい |
|---|---|---|---|
| スプル プダス | | スィブッ スカリ | |

# 21 ／ 比較 🔊 047

同等比較、比較級、最上級の表現を覚えましょう。

| A＋sama＋形容詞＋dengan＋B. | AはBと同じくらい〜 |
|---|---|
| サマ ドゥ(ン)ガン | |
| A＋接頭辞se-＋形容詞＋B. | AはBと同じくらい〜 |
| ス | |
| A＋lebih＋形容詞＋(daripada＋B). | Aは（Bより）もっと〜 |
| ルビ ダリパダ | |
| A＋paling＋形容詞. | Aは最も〜、一番〜 |
| パリン(グ) | |
| A＋接頭辞ter-＋形容詞. | Aは最も〜、一番〜 |
| トゥル | |

これはそれと同じくらい辛いです。

## Ini sama pedas dengan itu.
イニ サマ プダス ドゥ(ン)ガン イトゥ

これはそれと同じくらい辛いです。

## Ini sepedas itu.
イニ スプダス イトゥ

私の年齢は彼／彼女の年齢と同じです。

## Umur saya sama dengan umur dia.

ウムル　　サヤ　　サマ　　ドゥ（ン）ガン　ウムル　　ディア

**sama**「同じ」は形容詞だけでなく **umur**「年齢」など名詞にも使います。

この靴は（その靴より）もっと大きいです。

## Sepatu ini lebih besar (daripada sepatu itu).

スパトゥ　　イニ　　ルビ　　ブサル　　　ダリパダ　　スパトゥ　イトゥ

彼／彼女は一番熱心です。

## Dia paling rajin.

ディア　　パリン（グ）　ラジン

この花は世界で一番大きいです。

## Bunga ini terbesar di dunia.

ブ（ン）ガ　イニ　　トゥルブサル　ディ　ドゥニア

# 22 ／ 接続詞 🔊 048

　左側は語と語、句と句、文と文を対等につなぐ等位接続詞、右側は主節（メインの文）の補足説明をする従属節に用いる従属接続詞です。従属接続詞の位置は文頭でも文中でも構いません。

| dan<br>ダン | ～と～<br>そして | waktu / ketika<br>ワクトゥ　　クティカ | ～する時 |
|---|---|---|---|
| tetapi / tapi（口語）<br>トゥタビ　　タビ | だが<br>しかし | sesudah / setelah<br>ススダ　　　ストゥラ | ～した後 |
| atau<br>アタウ | または<br>あるいは | sebelum<br>スブルム | ～する前 |

その部屋は安くて清潔です。

# Kamar itu murah dan bersih.
カマル　　イトゥ　　ムラ　　　ダン　　　ブルスィ

彼／彼女は頭がよいが、怠け者です。

# Dia pandai, tetapi pemalas.
ディア　　パンダイ　　トゥタピ　　　プマラス

これはジュースですか、それともお酒ですか?

# Ini jus atau minuman keras?
イニ　　ジュス　アタウ　　　ミヌマン　　　クラス

東京に来る時は、私に知らせてください。

# Waktu datang di Tokyo, tolong beri tahu
ワクトゥ　　　ダタン(グ)　ディ　トウキョウ　　トロン(グ)　　プリ　　タウ

# saya.
サヤ

帰省する時、私はいつも列車を使います。

# Saya selalu memakai kereta ketika mudik.
サヤ　　　スラル　　ムマカイ　　　クレタ　　クティカ　　ムディッ

kereta api［クレタ　アピ］「列車」は、口語ではapiを省略したkeretaがよく使われます。

勉強が終わった後、私は彼／彼女に電話します。

# Saya menelepon dia sesudah selesai belajar.
サヤ　　　ムネレポン　　ディア　　ススダ　　スルサイ　　ブラジャル

寝る前に、私はテレビを見ます。

# Sebelum tidur, saya menonton televisi.
スブルム　　ティドゥル　サヤ　　ムノントン　　テレフィスィ

# 23 / 完了、継続の助動詞 🔊 049

助動詞は動詞と一部の形容詞の前に置きます。sudah は完了を表し、時制にかかわらず過去、現在、未来に使われます。sudah, belum, masih の疑問文には ya, tidak ではなく、sudah, belum, masih で答えましょう。

| 完了 | **sudah** ＋動詞／形容詞<br>スダ | もう／すでに〜した |
|---|---|---|
| 未完了 | **belum** ＋動詞／形容詞<br>ブルム | まだ〜ない |
| 継続 | **masih** ＋動詞／形容詞<br>マスィ | まだ〜している |

**A** | もう食事をしましたか？

## Sudah makan?
スダ　　　マカン

**B** | もうしました。 ／ まだです。

## Sudah. ／ Belum.
スダ　　　　　　　ブルム

彼／彼女はもう帰りました。

## Dia sudah pulang.
ディア　スダ　　　プラン（グ）

私はまだ水浴びをしていません。

## Saya belum mandi.
サヤ　　　ブルム　　　マンディ

彼らはまだ寝ています。

## Mereka masih tidur.
ムレカ　　　マスィ　　　ティドゥル

# 24 / 未来、可能などの助動詞

| 未来 | **akan** アカン | ～する 予定だ | **Mereka akan menikah.** ムレカ　アカン　ムニカ 彼らは結婚する予定です。 |
|---|---|---|---|
| 希望 | **mau** マウ | ～したい | **Dia mau mengobrol.** ディア　マウ　ム(ン)ゴブロル 彼／彼女はおしゃべりしたいです。 |
| 嗜好 習慣 | **suka** スカ | ～が好き よく～する | **Kami suka berwisata.** カミ　スカ　ブルウィサタ 私たちは旅行するのが好きです。 |
| 完了 結果 | **baru** バル | ～した ばかり | **Saya baru selesai makan.** サヤ　バル　スルサイ　マカン 私は食事を終えたばかりです。 |
| 現在 進行 | **sedang** スダン(グ) | ～している 最中 | **Kami sedang bekerja.** カミ　スダン(グ)　ブクルジャ 私たちは仕事中です。 |
| 可能 | **bisa** ビサ | ～できる | **Saya bisa berenang.** サヤ　ビサ　ブルナン(グ) 私は泳ぐことができます。 |
| 許可 | **boleh** ボレ | ～しても よい | **Anda boleh masuk.** アンダ　ボレ　マスッ あなたは入ってもよいです。 |
| 必要 | **perlu** プルル | ～する必要 がある | **Dia perlu berolahraga.** ディア　プルル　ブルオララガ 彼／彼女は運動する必要があります。 |
| 義務 | **harus** ハルス | ～しなけれ ばならない | **Kita harus menunggu.** キタ　ハルス　ムヌング 私たちは待たなければなりません。 |
| 経験 | **pernah** プルナ | ～したこと がある | **Saya pernah (pergi) ke Bali.** サヤ　プルナ　プルギ　ク　バリ 私はバリに行ったことがあります。 |

## 25 ／ 前置詞 🔊 051

　方向を示す前置詞 **di, ke, dari** があれば、**ada**「ある、いる」、**pergi**「行く」、**datang**「来る」などの動詞は省略できます。また、**cinta**「愛する」（→P077）、**beri tahu**「知らせる、伝える」（→P165）など一部の動詞は、口語では **kepada** がよく省略されます。（　）は対応する英語です。

| | | |
|---|---|---|
| **di**<br>ディ | 〜に<br>〜で<br>(in, at) | **Saya (ada) di Jakarta.**<br>サヤ　アダ　ディ　ジャカルタ<br>私はジャカルタにいます。<br>**Buku (ada) di atas meja.**<br>ブク　アダ　ディ　アタス　メジャ<br>本は机の上にあります。 |
| **ke**<br>ク | 〜へ<br>〜に<br>(to) | **Saya (pergi) ke Surabaya.**<br>サヤ　プルギ　ク　スラバヤ<br>私はスラバヤへ行きます。<br>**Dia tidak (pergi) ke mana-mana.**<br>ディア　ティダッ　プルギ　ク　マナマナ<br>彼／彼女はどこにも行きません。 |
| **dari**<br>ダリ | 〜から<br>(from) | **Saya (datang) dari Jepang.**<br>サヤ　ダタン(グ)　ダリ　ジュパン(グ)<br>私は日本から来ました。<br>**Paket ini dari ibu.**<br>パケッ　イニ　ダリ　イブ<br>この小包は母からです。 |
| **untuk**<br>ウントゥッ | 〜のために<br>(for) | **Ini oleh-oleh untuk Anda.**<br>イニ　オレオレ　ウントゥッ　アンダ<br>これはあなたへのおみやげです。<br>**Saya membeli baju untuk pesta.**<br>サヤ　ムンブリ　バジュ　ウントゥッ　ペスタ<br>私はパーティー用に服を買います。 |

| | | |
|---|---|---|
| **bagi**<br>バギ | 〜にとって<br>(for) | **Itu sangat penting bagi saya.**<br>イトゥ　サ（ン）ガッ　プンティン（グ）　バギ　サヤ<br>それは私にとってとても重要です。<br>**Masakan ini tidak pedas bagi dia.**<br>マサカン　イニ　ティダッ　プダス　バギ　ディア<br>彼／彼女にとってこの料理は辛くありません。 |
| **dengan**<br>ドゥ（ン）ガン | 〜に<br>〜と共に<br>〜を用いて<br>(with, by) | **Kami bertemu dengan teman.**<br>カミ　ブルトゥム　ドゥ（ン）ガン　トゥマン<br>私たちは友だちに会います。<br>**Kita berangkat dengan mobil.**<br>キタ　ブラン（グ）カッ　ドゥ（ン）ガン　モビル<br>私たちは車で出発します。<br>**Mereka bekerja dengan rajin.**<br>ムレカ　ブクルジャ　ドゥ（ン）ガン　ラジン<br>彼らは熱心に働きます。 |
| **kepada**<br>クパダ | （人）に<br>(to) | **Dia mengirim e-mail kepada**<br>ディア　ム（ン）ギリム　イメル　クパダ<br>**pelanggan.**<br>プランガン<br>彼／彼女はお客様（顧客）にメールを送ります。<br>**Saya cinta (kepada) dia.**<br>サヤ　チンタ　クパダ　ディア<br>私は彼／彼女を愛しています。 |
| **pada**<br>パダ | （時間、物、<br>人）に<br>(at, on, in) | **Ayah pulang pada malam hari.**<br>アヤ　プラン（グ）　パダ　マラム　ハリ<br>父は夜に帰ります。 |
| **selama**<br>スラマ | 〜の間<br>(during) | **Tamu itu menginap di sini**<br>タム　イトゥ　ム（ン）ギナッ（プ）　ディ　スィニ<br>**selama tiga hari.**<br>スラマ　ティガ　ハリ<br>そのお客様（来訪者）はここに3日間宿泊します。 |

## 練習問題

**1** 次の文をインドネシア語にしてみましょう。
「あなた」はAndaを使ってください。

**❶** 彼／彼女の車は新しいです。

**❷** これは私のかばんではありません。

**❸** この荷物はあまり重くありません。

**❹** その部屋は安くて清潔です。

**❺** これはジュースですか、それともお酒ですか?

**❻** 私は日本から来ました。

**❼** これはあなたへのおみやげです。

**❽** 彼らは友だちに会います。

**❾** 私たち(相手を含まない)はここに5日間宿泊します。

**❿** 私の携帯電話番号は090-8765-4321です。

解答

**❶ Mobil dia baru. / Mobilnya baru.** →P058
モビル　ディア　バル　　　モビルニャ　　バル

**❷ Ini bukan tas saya.** →P058, P059, P224
イニ　ブカン　タス　サヤ

**❸ Barang ini tidak begitu berat.** →P061, P084, P234
バラン(グ)　イニ　ティダッ　ブギトゥ　　ブラッ

**❹ Kamar itu murah dan bersih.** →P073
カマル　イトゥ　ムラ　　ダン　　ブルスィ

**❺ Ini jus atau minuman keras?** →P073
イニ　ジュス　アタウ　　ミヌマン　　　クラス

**❻ Saya (datang) dari Jepang.** →P076
サヤ　　ダタン(グ)　　ダリ　ジュパン(グ)

**❼ Ini oleh-oleh untuk Anda.** →P076
イニ　　オレオレ　　ウントゥッ　アンダ

**❽ Mereka bertemu dengan teman.** →P077
ムレカ　　　ブルトゥム　ドゥ(ン)ガン　トゥマン

**❾ Kami menginap di sini selama lima hari.** →P077
カミ　　ム(ン)ギナッ(プ)　ディ　スィニ　　スラマ　　リマ　　ハリ

**❿ Nomor HP saya 090-8765-4321.** →P059, P052
ノモル　ハーペー　サヤ　コソン(グ)　スンビラン　コソン(グ)
ドゥラパン　トゥジュ　ウナム　リマ
ウンパッ　ティガ　ドゥア　サトゥ

079

## 練習問題

**2** 次の会話文をインドネシア語にしてみましょう。
疑問文には apakah を使ってください。

**①** A：彼／彼女は中国人ですか？

　　B：違います。彼／彼女は中国人ではありません。

**②** A：これはそれと同じくらい辛いですか？

　　B：いいえ。それはもっと辛いです。

**③** A：私たち（話し相手を含む）は車で出発しますか？

　　B：はい、そうです。

### 解答

**①** A：**Apakah dia orang Tionghoa?** →P059, P063
　　　アパカ　ディア　オラン(グ)　ティオン(グ)ホア

　　B：**Bukan. Dia bukan orang Tionghoa.**
　　　ブカン　ディア　ブカン　オラン(グ)　ティオン(グ)ホア

**②** A：**Apakah ini sama pedas dengan itu?**
　　　アパカ　イニ　サマ　プダス　ドゥ(ン)ガン　イトゥ

　　B：**Tidak. Itu lebih pedas.** →P063, P071
　　　ティダッ　イトゥ　ルビ　プダス

**③** A：**Apakah kita berangkat dengan mobil?**
　　　アパカ　キタ　ブラン(グ)カッ　ドゥ(ン)ガン　モビル

　　B：**Ya, betul. / Ya, benar.** →P063, P077
　　　ヤ　ブトゥル　ヤ　ブナル

# Hari ke-3 (Day 3)

# 自分のことが
# 言えるようになろう

## 「私」を主語にして話す

「私」を主語にした様々な表現を学び、自分のことを相手に伝えます。名前、国籍、職業などの自己紹介、家族・友人の紹介、自分の持ち物について説明しましょう。また、完了、好み、希望、経験、可能などの助動詞を用いて、家族、行動、嗜好、習慣、要望、経験、能力についても話してみましょう。

# 01 名詞と否定 🔊 052

┤ 基本フレーズ ├

私は〜です。
**Saya +** 名詞 **.**
サヤ

私は〜ではありません。
**Saya bukan +** 名詞 **.**
サヤ　　ブカン

　名詞に名前、国名（→P207）、職業（→P208）を入れて自己紹介をします。主語は **saya** 以外の人称代名詞（→P051）に替えると応用でき、否定は主語の後に **bukan**「〜ではない」を用います。**saya**「私」を **Anda**「あなた」などに替えて文末を上げ調子に読めば疑問文になり、その場合の返答は、**Ya.**〔ヤ〕「はい」、**Bukan.**「違います」（→P063）です。

## はじめまして、私は田中春奈です。

**Kenalkan, saya Haruna Tanaka.**
クナルカン　　　サヤ　　ハルナ　　　タナカ

名前を名乗る前に **kenalkan**「紹介します」と言うと「はじめまして」という意味になり、**Salam kenal.**（→P026）も同様です。**saya**「私」の代わりに **nama saya**〔ナマ　サヤ〕「私の名前」でも構いません。

## 私は日本人です。

**Saya orang Jepang.**
サヤ　オラン(グ)　ジュパン(グ)

## 私は会社員です。

**Saya karyawan.**
サヤ　　カルヤワン

> 「主婦」は **ibu rumah tangga**〔イブ　ルマ　タンガ〕。職業は P208。

## 私は大学生ではありません。

**Saya bukan mahasiswa.**
サヤ　　ブカン　　マハスィスワ

> **mahasiswi**〔マハスィスウィ〕は「女子大生」。

**ミニ会話**

**A** あなたは韓国人ですか?

# Anda orang Korea?
アンダ　オラン(グ)　コレア

**Korea** の正式名称は **Korea Selatan** ［コレア　スラタン］ですが、北朝鮮と区別する必要がなければ **Korea** だけでも構いません。

**B** 違います。私は韓国人ではありません。

# Bukan. Saya bukan orang Korea.
ブカン　　　サヤ　　　ブカン　　オラン(グ)　コレア

---

応用フレーズ

こちらは〜です。　　　　そちらは〜ではありません。

# Ini + 名詞 . / Itu bukan + 名詞 .
イニ　　　　　　　　　　　　　　イトゥ　　ブカン

**saya**「私」を **ini**［イニ］「これ、こちら」、**itu**［イトゥ］「それ、あれ、そちら、あちら」に入れ替えると、「これは (物) です」(→P084)、「こちらは (人) です」などに応用できます。

こちらは私の夫です。(彼の) 名前はドニです。

# Ini suami saya. Namanya Doni.
イニ　スアミ　サヤ　　ナマニャ　　ドニ

家族は **P209**、所有格「彼の」は **P056** を参照してください。

そちらは私の兄ではありません。　　そちらは私の父です。

# Itu bukan kakak laki-laki saya. Itu ayah saya.
イトゥ　ブカン　　カカッ　　ラキラキ　　サヤ　イトゥ　アヤ　サヤ

083

# 02 指示代名詞

053

基本フレーズ

これは〜です。
**Ini +** 名詞 **.**
イニ

それ（あれ）は〜ではありません。
**Itu bukan +** 名詞 **.**
イトゥ　　ブカン

**Ini / Itu +** 人. 「こちら／そちらは（人）です」はP083で紹介しましたが、**ini**「これ」、**itu**「それ、あれ」は「物」にも使います。物が複数でも表現は同じです。名詞の否定には **bukan** を用います（→P059）。

これは私の手荷物です。
**Ini bagasi saya.**
イニ　　バガスィ　　サヤ

> 「スーツケース」は **koper**
> ［コプル］、「かばん」は **tas**
> ［タス］。

それは彼の荷物ではありません。
**Itu bukan barangnya.**
イトゥ　　ブカン　　　バラン(グ)ニャ

> 所有格「彼の」はP056。

A これは砂糖ですか、それとも塩ですか?
**Ini gula atau garam?**
イニ　　グラ　　アタウ　　ガラム

> 接続詞はP072。

B それは砂糖でも塩でもありません。　　　それは砂です。
**Itu bukan gula ataupun garam. Itu pasir.**
イトゥ　　ブカン　　グラ　　アタウプン　　　ガラム　　イトゥ　パスィル

応用フレーズ

## これ／それ(あれ)は〜ですか?

# Apakah ini/itu + 名詞 ?
アパカ　　イニ　イトゥ

## はい。／違います。

# Ya. / Bukan.
ヤ　　　　　ブカン

平叙文の文末を上げ調子に読めば疑問文になりますが、apakah を文頭に付けると疑問文であることが明確になります。返答は P063 も参照してください。

**A** それは学校ですか?

# Apakah itu sekolah?
アパカ　　イトゥ　　スコラ

**B** はい。それは学校です。

# Ya. Itu sekolah.
ヤ　イトゥ　　スコラ

**A** あれも学校ですか?

# Apakah itu juga sekolah?
アパカ　　イトゥ　ジュガ　　スコラ

**B** はい。あれも学校です。

# Ya. Itu juga sekolah.
ヤ　イトゥ　ジュガ　　スコラ

**B** 違います。あれは学校ではありません。あれは病院です。

# Bukan. Itu bukan sekolah. Itu rumah sakit.
ブカン　　イトゥ　ブカン　　スコラ　　イトゥ　ルマ　　サキッ

# 03 所有 🔊 054

┌─ 基本フレーズ ─┐

私は～を持っています。／～はあります。

## Saya punya / ada + 名詞 .
サヤ　　　プニャ　　　アダ

　　所有は punya「所有する」、ada「ある、持っている」のどちらも使います。存在の ada「ある、いる」は P154 を参照してください。

私は日本製の車を持っています。

## Saya punya mobil buatan Jepang.
サヤ　　　プニャ　　モビル　　ブアタン　　ジュパン(グ)

私はパスポートと航空券を持っています。

## Saya punya paspor dan tiket pesawat terbang.
サヤ　　　プニャ　　パスポル　　ダン　　ティケッ　　プサワッ　　トゥルバン(グ)

pesawat terbang「飛行機」の pesawat は「機械」ですが、状況により明確であれば、pesawat だけで「飛行機」の意味になります。

私はかばんを2つ持っています。

## Saya ada dua tas.
サヤ　　アダ　　ドゥア　　タス

A 貴重品やこわれものはありますか?

## Ada barang berharga atau barang pecah belah?
アダ　　バラン(グ)　　ブルハルガ　　アタウ　　バラン(グ)　　プチャ　　ブラ

B はい、あります。／ありません。

## Ya, ada. ／ Tidak ada.
ヤ　　アダ　　　　　ティダッ　　アダ

# 私は〜を持っていません。／〜はありません。
## Saya tidak punya / ada + 名詞 .
サヤ　　　ティダッ　　プニャ　　　アダ

動詞の否定には、主語の後に否定語 tidak「〜ない」を用います。

私は健康に問題はありません。

## Saya tidak punya masalah kesehatan.
サヤ　　ティダッ　　プニャ　　マサラ　　　　クセハタン

私は買い物をする時間がありません。

## Saya tidak ada waktu untuk berbelanja.
サヤ　　ティダッ　　アダ　ワクトゥ　ウントゥッ　ブルブランジャ

A　私はルピア（のお金）を持っていません。

## Saya tidak punya uang rupiah.
サヤ　　ティダッ　　プニャ　　ウワン（グ）　ルピア

> インドネシアの通貨。

> 口語は duit［ドゥイッ］「お金」。

私はクレジットカードを持っています。いいですか?

## Saya ada kartu kredit.　　Bisa?
サヤ　　アダ　カルトゥ　クレディッ　　　　　ビサ

B　申し訳ありませんが、クレジットカードは取り扱っておりません。

## Maaf, kami tidak menerima kartu kredit.
マアフ　　カミ　　ティダッ　　ムヌリマ　　　カルトゥ　クレディッ

menerima は「受け取る、受け入れる」が直訳。

円もしくは米ドルをお持ちですか?

## Ada uang yen atau uang dolar AS?
アダ　ウワン（グ）イェン　アタウ　ウワン（グ）ドラル　アーエス

AS は Amerika Serikat［アメリカ　スリカッ］の略語。

# ④④ 完了(1)

055

---

基本フレーズ

私はもう〜しました。／私は〜しています。

## Saya sudah + 動詞 .
　サヤ　　　スダ

---

sudah は「〜しました（完了）、〜しています（完了した状態）」を表します。家族を重視するインドネシア人は、初対面の人にも家族についてよく尋ねます。まずは既婚者かどうかを聞いてから、家族や子供について尋ねます。

私は結婚しています。

## Saya sudah menikah.
　サヤ　　　スダ　　　　ムニカ

公文書では kawin［カウィン］「結婚している」が使われていますが、口語では「性的関係がある」の意味合いが強いので、使用を控えましょう。

私は子供が3人います。

## Saya punya tiga anak.
　サヤ　　　プニャ　ティガ　アナッ

男（の子）2人と女（の子）1人です。

## Laki-laki dua, perempuan satu.
　ラキラキ　　　ドゥア　　　プルンプアン　サトゥ

anak laki-laki［アナッ　ラキラキ］「男の子」、anak perempuan［アナッ　プルンプアン］「女の子」の anak「子供」は明確な場合は省略されます。laki-laki の代わりに lelaki［ルラキ］も可。

私は大学生ではありません。　　　私はもう働いています。

## Saya bukan mahasiswa. Saya sudah bekerja.
　サヤ　　　ブカン　　　マハスィスワ　　　サヤ　　　スダ　　　ブクルジャ

応用フレーズ

私はまだ〜していません。

# Saya belum + 動詞 .

サヤ　　　　ブルム

私はまだ〜です／まだ〜しています。

# Saya masih + 名詞／動詞 .

サヤ　　　　マスィ

Sudah ~?「〜しましたか?」の質問には、Sudah.「しました」、Belum.「まだです」と答えます。動作や状態の継続を表すmasih「まだ〜です／まだ〜しています」との違いに気をつけましょう。

私はまだ彼らと連絡を取ることができません。

# Saya belum bisa menghubungi mereka.

サヤ　　　ブルム　　ビサ　　　ムン(グ)フブ(ン)ギ　　　ムレカ

私はまだ彼らからの連絡を待っています。

# Saya masih menunggu kabar dari mereka.

サヤ　　　マスィ　　　ムヌング　　　　カバル　　ダリ　　　ムレカ

A　あなたは所帯（家族）持ちですか?

# Bapak sudah berkeluarga?

バパッ　　　スダ　　　ブルクルアルガ

> menikah「結婚している」と同じ意味です。

B　私はまだ結婚していません。　私はまだ独身です。

# Saya belum menikah. Saya masih bujang.

サヤ　　　ブルム　　　ムニカ　　　サヤ　　　マスィ　　　ブジャン(グ)

A　私は結婚していますが、まだ子供はいません。

# Saya sudah menikah, tetapi belum punya anak.

サヤ　　　スダ　　　ムニカ　　　トゥタピ　　　ブルム　　　プニャ　　　アナッ

# 05 完了(2)

056

基本フレーズ

私は～したばかりです。

## Saya baru / baru saja + 動詞 .
サヤ　　バル　　　バル　サジャ

完了の **sudah** との違いは、**baru, baru saja** は完了して間もない状態を表すことです。

私は水浴びをしたばかりです。

## Saya baru mandi.
サヤ　　バル　　マンディ

インドネシアでは湯船には入らずに、水浴びやシャワーが一般的です。

私はインドネシア語の勉強を始めたばかりです。

## Saya baru saja belajar bahasa Indonesia.
サヤ　　バル　サジャ　ブラジャル　バハサ　インドネスィア

私は35歳になったばかりです。

## Saya baru menjadi 35 tahun.
サヤ　　　バル　ムンジャディ　ティガ　プル　リマ　タフン

私は昨晩ジャカルタに到着したばかりです。

## Saya baru saja tiba / sampai di Jakarta
サヤ　　バル　サジャ　ティバ　　サンパイ　　ディ　ジャカルタ

## semalam.
スマラム

**semalam** には「一晩」の意味もあるので、「昨晩」と明確に言う必要があれば、**kemarin malam** [クマリン　マラム] を使いましょう。

私たち一家はバリ島に引っ越したばかりです。

# Kami sekeluarga baru pindah rumah ke
カミ　　　スクルアルガ　　　バル　　　ピンダ　　　ルマ　　　ク

# Pulau Bali.
プラウ　　　バリ

バリ島はヒンドゥー教を信仰する神々の島で知られる世界有数の観光地。

私の息子は起きたばかりです。

# Anak laki-laki saya baru saja bangun.
アナッ　　　ラキラキ　　　サヤ　　　バル　　　サジャ　　　バ(ン)グン

彼は大学を卒業したばかりです。

# Dia baru tamat universitas.
ディア　　　バル　　　タマッ　　　ウニフルスィタス

彼は銀行で働き始めたばかりです。

# Dia baru mulai bekerja di bank.
ディア　　　バル　　　ムライ　　　ブクルジャ　　　ディ　　　バン(グ)

スラバヤ行きの列車は出発したばかりです。

# Kereta api ke Surabaya baru saja berangkat.
クレタ　　　アピ　　　ク　　　スラバヤ　　　バル　　　サジャ　　　ブラン(グ)カッ

スラバヤは東ジャワ州の州都で、ジャカルタに次ぐインドネシア第2の港湾都市。

私はたった今、そのことを知りました。

# Saya baru saja tahu hal itu.
サヤ　　　バル　　　サジャ　　　タウ　　　ハル　　　イトゥ

hal の代わりに tentang [トゥンタン (グ)]「〜について」もよく使います。
「私はたった今、それについて知りました」という意味になります。

# ⓪⑥ 現在進行  057

> 基本フレーズ

私は〜しているところです。／私は〜中です。
## Saya sedang / lagi（口語）+ 動詞 .
サヤ　　　　スダン(グ)　　　ラギ

sedangやlagiは動作の進行を表しますが、lagiは口語です。punya「持つ」、tahu「知る」など状態の動詞には使えません。

私は電話中です。 | 彼は外出中です。
## Saya sedang menelepon. Dia sedang keluar.
サヤ　　　スダン(グ)　　ムネレポン　　ディア　スダン(グ)　　クルアル

主語saya「私」をほかの人称代名詞（→P051）に入れ替えると応用できます。

私は運転中です。
## Saya sedang mengemudi mobil.
サヤ　　　スダン(グ)　　ム(ン)グムディ　　モビル

私は市場で買い物をしているところです。
## Saya lagi berbelanja di pasar.
サヤ　　ラギ　　ブルブランジャ　　ディ　　パサル

私は親友とおしゃべりしているところです。
## Saya lagi mengobrol dengan sahabat /
サヤ　　ラギ　　ム(ン)ゴブロル　　ドゥ(ン)ガン　　サハバッ

## teman akrab.
トゥマン　　アクラッ(ブ)

mengobrol は berbicara［ブルビチャラ］「話す、しゃべる」でも可。

A もしもし。
アニタさんと話せますか？／アニタさんをお願いします。

**Halo. Bisa bicara dengan Ibu Anita?**
ハロ　　ビサ　ビチャラ　ドゥ(ン)ガン　イブ　アニタ

B 彼女は台所で料理しているところです。

**Ibu lagi memasak di dapur.**
イブ　ラギ　ムマサッ　ディ　ダプル

**Ibu Anita**「アニタさん」が自分の妻や母なら、**dia**「彼女」ではなく、親しみを込めた目上の女性に対する敬称 **Ibu** を用います。

彼女は夕食の準備中です。

**Ibu lagi menyiapkan makan malam.**
イブ　ラギ　ムニアッ(プ)カン　マカン　マラム

私は彼女を手伝っているところです。

**Saya sedang membantu Ibu.**
サヤ　スダン(グ)　ムンバントゥ　イブ

A 私はタクシーでそちらに向かっています。

**Saya sedang (menuju) ke situ dengan taksi.**
サヤ　スダン(グ)　ムヌジュ　ク　スィトゥ　ドゥ(ン)ガン　タクスィ

あと30分で到着します。

**Tiga puluh menit lagi sampai.**
ティガ　プル　ムニッ　ラギ　サンパイ

B あなたのお越しをお待ちしています。

**Kami menunggu kedatangan Ibu.**
カミ　ムヌング　クダタ(ン)ガン　イブ

# 07 好み、嗜好、習慣

058

基本フレーズ

私は～が好きです。
私は～するのが好きです。／よく～します。

## Saya suka + 名詞／動詞 .
　　サヤ　　　スカ

suka の後には名詞や動詞を置きます。「～するのが好き」は、口語では「よく～する」という意味もあります。「好んでよく～する」だけでなく、「好まなくてもよく～する」時にも使います。

私はサッカーが好きです。

## Saya suka sepak bola.
　　サヤ　　スカ　　セパッ　　ボラ

> インドネシアでは観戦が主で、熱狂的なサポーターも多い人気スポーツです。

私はコーヒー（を飲むの）が好きです。／コーヒーをよく飲みます。

## Saya suka (minum) kopi.
　　サヤ　　スカ　　　ミヌム　　コピ

私は食べるのが好きです。／私はよく食べます。

## Saya suka makan.
　　サヤ　　スカ　　マカン

私は音楽を聴くのが好きです。／私はよく音楽を聴きます。

## Saya suka mendengar musik.
　　サヤ　　スカ　ムンドゥ(ン)ガル　ムスィッ

私は勉強している時、よく居眠りします。

## Saya suka ngantuk saat belajar.
　　サヤ　　スカ　(ン)ガントゥッ　サアッ　ブラジャル

> mengantuk［ム（ン）ガントゥッ］「居眠りする」の口語。

私は〜が苦手です。
私は〜するのが好きではありません。

**Saya tidak suka +** 名詞／動詞 .
　サヤ　　　ティダッ　　スカ

インドネシア語には **benci**［ブンチ］「憎む」はありますが、「嫌い」という言葉はないので、「好きではありません」と否定形を用います。

私はココナツミルクが苦手です。

**Saya tidak suka santan.**
　サヤ　　　ティダッ　　スカ　　　サンタン

私は辛すぎる食べ物は苦手です。

**Saya tidak suka makanan yang terlalu pedas.**
　サヤ　　　ティダッ　　スカ　　　マカナン　　ヤン(グ)　トゥルラル　　プダス

A　食べ物は何が好きですか?

**Suka makan apa?**
　スカ　　　マカン　　アパ

> 直訳は「何を好んで食べますか?」

B　私は魚（を食べるの）が好きです。
　／私は魚を好んで食べます。

**Saya suka (makan) ikan.**
　サヤ　　スカ　　　マカン　　イカン

> 明確であれば、動詞はしばしば省略されます。

私は肉（を食べるの）は好きではありません。
／私は肉を好んで食べません。

**Saya tidak suka (makan) daging.**
　サヤ　　　ティダッ　　スカ　　　マカン　　ダギン(グ)

# 08 要求、希望 🔊 059

┤ 基本フレーズ ├

私は〜がほしいです。

## Saya mau + 名詞 .
サヤ　　　マウ

私は〜はいりません。
私は〜はほしくありません。

## Saya tidak mau + 名詞 .
サヤ　　　ティダッ　　マウ

自分の必要、不要なものを名詞の位置に入れて相手に希望を伝えます。

私はミネラルウォーターがほしいです。

## Saya mau Aqua.
サヤ　　　マウ　　　アクア

> 飲料会社名Aquaはインドネシアでは
> ミネラルウォーターの代名詞です。

私はそれはいりません。／私はそれはほしくありません。

## Saya tidak mau itu.
サヤ　　　ティダッ　　マウ　　イトゥ

私はこのチョコレートを5つほしいです。

## Saya mau cokelat ini lima.
サヤ　　　マウ　　　チョクラッ　　イニ　　リマ

私はこれを全部ほしいです。　値引きしてもらえますか?

## Saya mau ini semua. Boleh tawar?
サヤ　　　マウ　　イニ　　スムア　　　ボレ　　　タワル

**Boleh tawar?** は「値段交渉（値引き）してもいいですか?」が直訳。市場
では値段交渉は一般的です。たくさん買うとまけてくれます。

私は〜したいです。

# Saya mau / ingin + (動詞).
サヤ　　　マウ　　　イ(ン)ギン

動詞を伴う場合は ingin も使われます。否定は tidak mau / ingin「私は〜したくない」です。

A｜私は空港に行きたいです。

# Saya mau (pergi) ke bandara.
サヤ　　　マウ　　　プルギ　　　ク　　　バンダラ

前置詞 ke があれば pergi は省略できます（→P076）。

私は遅刻したくないです。

# Saya tidak ingin terlambat.
サヤ　　　ティダッ　イ(ン)ギン　　トゥルランバッ

まず私は円をルピアに両替したいのですが。

# Saya ingin menukar yen ke rupiah dulu.
サヤ　　　イ(ン)ギン　　ムヌカル　　　イェン　　ク　　　ルピア　　　ドゥル

B｜いくら（両替）したいですか?

# Mau berapa?
マウ　　　ブラパ

A｜2万円です。

# 20.000 yen.
ドゥア　プル　リブ　イェン

1万ルピア札を交ぜてほしいです。

# Saya mau dicampur dengan uang Rp10.000.
サヤ　　　マウ　　　ディチャンプル　　　ドゥ(ン)ガン　　　ウワン(グ)　スプル　リブ　ルピア

## 09 経験 🔊 060

基本フレーズ

私は〜したことがあります。
**Saya (sudah) pernah +** 動詞 .
サヤ　　　　スダ　　　　プルナ

経験を表す sudah pernah「〜したことがある」の sudah は省略できます。

私はバンドンに行ったことがあります。
**Saya sudah pernah (pergi) ke Bandung.**
サヤ　　スダ　　プルナ　　プルギ　ク　バンドゥン(グ)

バンドンは1955年に第1回アジア・アフリカ会議が開催されたジャワ島西部の高原都市。

私はインドネシアに住んでいたことがあります。
**Saya pernah tinggal di Indonesia.**
サヤ　　プルナ　ティンガル　ディ　インドネスィア

私はジョグジャカルタでベチャ（人力三輪車）に乗ったことがあります。
**Saya pernah naik becak di Yogyakarta.**
サヤ　　プルナ　ナイッ　ベチャッ　ディ　ジョグジャカルタ

王宮文化の残るジャワ島中部の古都ジョグジャカルタは旧スペルのため y は j と発音します。ベチャは事前に料金交渉をしてから乗車します。

私はアンクルン音楽を聴いたことがあります。
**Saya sudah pernah mendengar musik**
サヤ　　スダ　　プルナ　ムンドゥ(ン)ガル　ムスィッ
**angklung.**
アン(グ)クルン(グ)

アンクルンはインドネシア西ジャワが起源の竹製打楽器。

私はまだ〜したことがありません。

# Saya belum pernah + 動詞 .
サヤ　　　　ブルム　　　　プルナ

私は〜したことがありません。

# Saya tidak pernah + 動詞 .
サヤ　　　ティダッ　　　プルナ

　belum pernah は今後経験する可能性が高い未経験を表し、今後も経験する可能性がなければ tidak pernah を用います。疑問文は文末を上げ調子に読み、明確であれば主語は省略可能です。返答は Sudah pernah.「あります」、Belum pernah.「まだありません」、Tidak pernah.「ありません」。

**A** ドリアンを食べたことがありますか?

# Sudah pernah makan durian?
スダ　　　　プルナ　　　　マカン　　　ドゥリアン

> 独特の匂いがきついため機内やホテルへの持ち込みみは禁止されています。

**B** (まだ) ありません。試して (食べて) みたいです。

# Belum pernah. Saya mau mencobanya.
ブルム　　　　プルナ　　　　サヤ　　　マウ　　　ムンチョバニャ

**A** バリ舞踊を観たことはありますか?

# Pernah menonton tari Bali?
プルナ　　　　ムノントン　　　タリ　　　バリ

**B** あります。ケチャダンスを観たことがあります。

# Sudah pernah. Saya pernah menonton
スダ　　　　プルナ　　　　サヤ　　　プルナ　　　ムノントン

# tari kecak.
タリ　　　ケチャッ

# 10 可能、不可能

061

| 基本フレーズ |

私は〜できます。

## Saya bisa / dapat + 動詞 .

サヤ　　　ビサ　　　　ダパッ

可能を表す bisa は口語で、dapat はフォーマルな場面で使います。

### 私は少しインドネシア語を話すことができます。

## Saya bisa berbahasa Indonesia sedikit.

サヤ　　　ビサ　　　　ブルバハサ　　　　インドネシァ　　　スディキッ

berbahasa「言語を話す」は berbicara bahasa［ブルビチャラ　バハサ］とも
言い、接頭辞 ber- は口語ではしばしば省略されます。

### 私は英語を流ちょうに話すことができます。

## Saya bisa berbicara (dalam) bahasa Inggris

サヤ　　　ビサ　　　ブルビチャラ　　　　ダラム　　　　バハサ　　　イングリス

## dengan lancar.

ドゥ(ン)ガン　　ランチャル

口語では dalam「（言語）で／を使って」はしばしば省略されます。

### 私は車を運転（することが）できます。

## Saya dapat mengemudi mobil.

サヤ　　　ダパッ　　　ム(ン)グムディ　　　モビル

### 私はインドネシアに留学（することが）できました。

## Saya dapat belajar di Indonesia.

サヤ　　　ダパッ　　　ブラジャル　ディ　　インドネシァ

「私はインドネシアで勉強することができました」が直訳。

私は〜できません。

## Saya tidak bisa / dapat + 動詞 .
サヤ　　　ティダッ　　ビサ　　　ダパッ

私は全く〜できません。

## Saya sama sekali tidak
サヤ　　　　サマ　　　スカリ　　　ティダッ

## bisa / dapat + 動詞 .
ビサ　　　ダパッ

不可能の表現「〜できない」と「全く〜できない」です。sama sekali tidak「全く〜ない」の sama sekali の位置は、主語の後でも文末でも可。

私はメールを送付（することが）できません。

## Saya tidak bisa mengirim e-mail.
サヤ　　ティダッ　　ビサ　　ム(ン)ギリム　　イメル

私は全く眠ることができません。

## Saya sama sekali tidak dapat tidur.
サヤ　　サマ　　スカリ　　ティダッ　　ダパッ　　ティドゥル

私は全く中国語を話すことができません。

## Saya tidak bisa bahasa Mandarin sama sekali.
サヤ　　ティダッ　　ビサ　　バハサ　　マンダリン　　サマ　　スカリ

私は全くWi-Fiに接続（することが）できません。

## Saya sama sekali tidak dapat menyambung
サヤ　　サマ　　スカリ　　ティダッ　　ダパッ　　ムニャンブン(グ)

## Wi-Fi.
ワイファイ

## 練習問題

**1** 次の文をインドネシア語にしてみましょう。

**❶** こちらは私の友人です。名前は健太です。

**❷** それは私の荷物ではありません。

**❸** 私はルピアのお金を持っていません。

**❹** 私は結婚していますが、まだ子供はいません。

**❺** 私は昨晩バリ島に到着したばかりです。

**❻** 私は店で買い物をしているところです。

**❼** 私はよくテレビを見ます。

**❽** 私はこれを全部ほしいです。まけてもらえますか?

**❾** 私はパダンに行ったことがあります。

**❿** 私はフランス語を流ちょうに話すことができます。

Day1
Day2
Day3
Day4
Day5
Day6
Day7
項目別単語

解答

**❶ Ini teman saya. Namanya Kenta.** →P083, P209
イニ　トゥマン　サヤ　　ナマニャ　　ケンタ

**❷ Itu bukan barang saya.** →P084
イトゥ　ブカン　バラン(グ)　サヤ

**❸ Saya tidak punya / ada uang rupiah.** →P087
サヤ　ティダッ　プニャ　　アダ　ウワン(グ)　ルピア

**❹ Saya sudah menikah, tetapi belum punya anak.** →P089
サヤ　スダ　　ムニカ　　トゥタピ　　ブルム　　プニャ　アナッ

**❺ Saya baru tiba / sampai di Pulau Bali semalam.** →P090
サヤ　バル　ティバ　サンパイ　ディ　プラウ　バリ　スマラム

**❻ Saya sedang / lagi berbelanja di toko.** →P092, P212
サヤ　スダン(グ)　ラギ　ブルブランジャ　ディ　トコ

**❼ Saya suka menonton TV.** →P094, P210
サヤ　スカ　　ムノントン　ティーフィー

**❽ Saya mau ini semua. Boleh tawar?** →P096
サヤ　マウ　イニ　スムア　　ボレ　　タワル

**❾ Saya (sudah) pernah (pergi) ke Padang.** →P098
サヤ　　スダ　　プルナ　　ブルギ　ク　パダン(グ)

**❿ Saya bisa berbicara (dalam) bahasa Prancis dengan**
サヤ　ビサ　ブルビチャラ　　ダラム　　バハサ　　プランチス　ドゥ(ン)ガン

**lancar.** →P100, P207
ランチャル

## 練習問題

**2** 次の会話文をインドネシア語にしてみましょう。

**❶** A：飲み物は何が好きですか?

B：私はコーヒーが好きです。

**❷** A：もしもし、ドニさんをお願いします。

B：彼は外出中です。

**❸** A：ベチャに乗ったことがありますか?

B：ありません。試して（乗って）みたいです。

解答

**❶** A：**Suka minum apa?** →P095, P094
スカ　ミヌム　アパ

B：**Saya suka (minum) kopi.**
サヤ　スカ　ミヌム　コピ

**❷** A：**Halo. Bisa bicara dengan Bapak Doni?**
ハロ　ビサ　ビチャラ　ドゥ(ン)ガン　バパッ　ドニ

B：**Dia sedang keluar.** →P093, P092
ディア　スダン(グ)　クルアル

**❸** A：**(Sudah) pernah naik becak?** →P098, P099
スダ　プルナ　ナイッ　ベチャッ

B：**Belum pernah. Saya mau mencobanya.**
ブルム　プルナ　サヤ　マウ　ムンチョバニャ

# Hari ke-4 (Day 4)

# 自分の意思を
# 伝えよう

## 状況を伝えて依頼する

自分の意思を伝えて、さらに積極的に相手にアプローチしてみましょう。まずは、自分の要望を伝えて、相手に勧めたり、誘ったり、許可を求めてみましょう。それから、自分の今後の予定、必要不可欠なこと、決意や興味のあることなどを具体的に伝えると、依頼する際にも説得力が増します。

Minta
nasigoreng.

# 01 要求、要望、依頼

062

基本フレーズ

～をください。 / ～をお願いします。

**Minta** + 名詞 . / **Mohon** + 名詞 .

ミンタ                モホン

相手に物や情報などほしいもの（名詞）を要求する表現で、**mohon** はていねいな依頼です。

英語のメニューをください。

**Minta menu bahasa Inggris.**
ミンタ      メヌ    バハサ    イングリス

チャーハンを2皿ください。

**Minta nasi goreng dua piring.**
ミンタ    ナスィ  ゴレン(グ)  ドゥア  ピリン(グ)

> 助数詞はP055。

氷なしのオレンジジュースをください。

**Minta jus jeruk tanpa es batu.**
ミンタ  ジュス  ジュルッ  タンパ  エス  バトゥ

> 「～入り」は**dengan**
> ［ドゥ（ン）ガン］。

電話番号とメールアドレスを（教えて）ください。

**Minta nomor telepon dan alamat _e-mail_nya.**
ミンタ    ノモル    テレポン    ダン    アラマッ      イメルニャ

品物以外のほしいものにも使います。「（電子）メール」は正式には **posel**
［ポスエル］ですが、英語の **e-mail** や **email** もよく使われています。イン
ドネシア語に英語の単語を混在させる場合は、英語を斜体にします。

ここにご署名をお願いします。

**Mohon tanda tangan di sini.**
モホン    タンダ    タ(ン)ガン  ディ  スィニ

応用フレーズ

～してください。

# Tolong + 動詞 .
トロン(グ)

～していただけますか?

# Minta tolong / Mohon + 動詞 .
ミンタ　　　　トロン(グ)　　　モホン

相手にしてほしいこと（動詞）を伝える表現で、目的語を取る me- 動詞
（→P205, P236）は語幹（→P050）を用います。minta tolong, mohon はてい
ねいな依頼です。**Tolong!**「助けて！」と単独でも使われます。

A | タクシーを呼んでください。

# Tolong panggil taksi.
トロン(グ)　　　パンギル　　　タクスィ

B | 少々、お待ちいただけますか?

# Mohon tunggu sebentar.
モホン　　　　　トゥング　　　スプンタル

A | 承知しました。私の荷物を運んでください。

# Baik. Minta tolong bawa barang saya.
バイッ　　　ミンタ　　　トロン(グ)　　バワ　　　バラン(グ)　　サヤ

この用紙に記入していただけますか?

# Mohon isi formulir ini.
モホン　　イスィ　　フォルムリル　　イニ

すみません、ゆっくり話していただけますか?

# Maaf, mohon bicara pelan-pelan.
マアフ　　　モホン　　　ビチャラ　　　プランプラン

# 02 勧める 🔊 063

┤ 基本フレーズ ├

どうぞ〜してください。
**Silakan** + 動詞 **.**
スィラカン

silakan は後ろに動詞を伴い「どうぞ〜してください」と相手に勧める表現です。目的語を取る me- 動詞（→ P205, P236）は語幹（→ P050）を用います。Silakan.「どうぞ」と単独でも使われます。

どうぞお召し上がりください。
**Silakan makan.**
スィラカン　　マカン

どうぞお飲みください。
**Silakan minum.**
スィラカン　　ミヌム

どうぞこちらにお座りください。
**Silakan duduk di sini.**
スィラカン　　ドゥドゥッ　ディ　スィニ

どうぞその服を試着してください。
**Silakan coba baju itu.**
スィラカン　　チョバ　　バジュ　イトゥ

coba「試す」は、試食、試飲、試乗など試したいものに使います。

いつでも私に連絡してください。
**Silakan hubungi saya kapan saja.**
スィラカン　　　フブ(ン)ギ　　サヤ　　カパン　　サジャ

どうぞ私の家にいらしてください。

# Silakan datang di rumah saya.
スィラカン　　　ダタン（グ）　ディ　　ルマ　　サヤ

どうぞそちらの部屋にお入りください。

# Silakan masuk ke ruang itu.
スィラカン　　　マスッ　　　ク　　ルアン（グ）イトゥ

どうぞご自分の家のようにおくつろぎください。

# Silakan santai seperti di rumah sendiri.
スィラカン　　　サンタイ　　スプルティ　ディ　　ルマ　　　スンディリ

どうぞ好きなだけお取りください。

# Silakan ambil semaunya.
スィラカン　　　アンビル　　スマウニャ

ambil「取る」は、makan［マカン］「食べる」、minum［ミヌム］「飲む」などに入れ替え可能です。

---

**ミニ会話**

A どうぞお召し上がりください。

# Silakan makan.
スィラカン　　　マカン

B とてもおいしいです。どなたが作ったのですか?

# Enak sekali.
エナッ　　スカリ

# Siapa yang membuatnya?
スィアパ　ヤン（グ）　　ムンブアッニャ

A 私です。

# Saya.
サヤ

# ◎③ 勧誘 🔊 064

> 基本フレーズ

〜しましょう。
## Mari (kita) + 動詞 .
マリ　　　キタ

さあ〜しよう。（口語）
## Ayo (kita) + 動詞 .
アヨ　　　キタ

勧誘の表現 Mari kita 〜. Ayo kita 〜. の kita は省略可。ayo は口語です。

散歩をしましょう。
## Mari kita berjalan-jalan.
マリ　　キタ　　　　ブルジャランジャラン

さあ公園に行こう。
## Ayo kita (pergi) ke taman.
アヨ　　キタ　　ブルギ　　ク　　タマン

スーパーマーケットで買い物をしましょう。
## Mari berbelanja di pasar swalayan.
マリ　　　ブルブランジャ　　ディ　パサル　　スワラヤン

> supermarket
> ［スプルマルケッ］
> とも言います。

さあ一緒に食事をしよう。
## Ayo makan bersama.
アヨ　　マカン　　ブルサマ

> sama-sama［サマサマ］
> も同じ意味。

ここでちょっと休憩しましょう。
## Mari kita beristirahat sebentar di sini.
マリ　　キタ　　　ブルイスティラハッ　　　スブンタル　ディ　スィニ

## さあ、〜しようよ。（口語）

# (Kita) + 動詞 , yuk / yok.
キタ　　　　　　　　　ユッ　　　ヨッ

# Yuk / Yok, (kita) + 動詞 .
ユッ　　　ヨッ　　　キタ

　勧誘の気軽な表現で、**ayo**［アヨ］が語源の**yuk/yok**は文頭もしくは文末に置きます。**kita**は省略できます。

## さあ、卓球をしようよ。

# Kita bermain tenis meja, yuk.
キタ　　ブルマイン　　テニス　　メジャ　　ユッ

**bermain**には英語の**play**と同様に「遊ぶ、（スポーツ、ゲームを）する、（楽器を）演奏する」などの意味があります。**bermain tenis**［ブルマイン　テニス］、**bermain gim**［ブルマイン　ギム］「ゲームをする」、**bermain piano**［ブルマイン　ピアノ］「ピアノを弾く」も併せて覚えましょう。

## さあ、インドネシアの歌を歌おうよ。

# Menyanyi lagu Indonesia, yok.
ムニャニ　　　ラグ　　インドネスィア　　ヨッ

## さあ、映画を観に行こうよ。

# Yuk, pergi menonton film.
ユッ　　ブルギ　　ムノントン　　フィルム

「**pergi** + 動詞」は「〜しに行く」で、ほかにも**pergi berenang**［プルギ　ブルナン（グ）］「泳ぎに行く」、**pergi memancing**［プルギ　ムマンチン（グ）］「釣りに行く」などがあります。

## さあ、コンピューターゲームをしようよ。

# Yok, kita bermain gim komputer.
ヨッ　　キタ　　ブルマイン　　ギム　　コンプトゥル

111

# 04 許可、禁止 🔊 065

| 基本フレーズ |

〜してもいいですか?

**Boleh (saya) +** 動詞 **?**
ボレ　　　サヤ

いいです。／だめです。

**Boleh.** ／ **Tidak boleh.**
ボレ　　　　　ティダッ　　ボレ

相手に許可を求める表現で、**saya** は省略できます。返答は、**Boleh.**「いいです」、**Silakan.**［スィラカン］「どうぞ」、**Tidak boleh.**「だめです」。

写真を撮ってもいいですか?

**Boleh saya mengambil foto?**
ボレ　　サヤ　　ム(ン)ガンビル　　フォト

この靴を試着してもいいですか?

**Boleh mencoba sepatu ini?**
ボレ　　ムンチョバ　　スパトゥ　　イニ

ちょっとお手洗いに行ってもいいですか?

**Boleh saya ke belakang sebentar?**
ボレ　　サヤ　　ク　　ブラカン(グ)　　スブンタル

**ke belakang**「後ろに行く」は、「トイレに行く」の婉曲表現です。

あなたのお名前をおうかがいしてもいいですか?

**Boleh tahu nama Bapak?**
ボレ　　タウ　　ナマ　　パパッ

**tahu** は「知る」が直訳で、**P132**の **Siapa nama Anda?** よりていねいです。

## ～してはいけません。

**Tidak boleh** + （動詞）.
ディダッ　　　ボレ

## ～しないでください。

**Jangan** + （形容詞／動詞）.
ジャ（ン）ガン

禁止の表現で**jangan**の後には形容詞や動詞を置きます。**Tidak boleh. / Jangan.**「だめです」は単独でも使われます。

### その部屋に入ってはいけません。

## **Tidak boleh masuk ke ruang itu.**
ティダッ　　　ボレ　　　　マスッ　　ク　　ルアン（グ）　イトゥ

**ruang**は**ruang tunggu**［ルアン（グ）　トゥ（ン）グ］「待合室」、**ruang tamu**［ルアン（グ）　タム］「応接室」など公共の部屋、**kamar**［カマル］は**kamar tidur**［カマル　ティドゥル］「寝室」、**kamar mandi**［カマル　マンディ］「バスルーム」などプライベートな部屋に用います。

### 遠慮しないでください。

## **Jangan malu-malu / segan-segan.**
ジャ（ン）ガン　　　マルマル　　　　　スガンスガン

元の意味は**malu-malu**「恥ずかしがる」、**segan-segan**「ためらう」。

### 大声で話してはいけません。

## **Tidak boleh berbicara dengan suara keras.**
ティダッ　　　ボレ　　　ブルビチャラ　　ドゥ（ン）ガン　　スアラ　　　クラス

### 傘を持って行くのを忘れないでください。

## **Jangan lupa membawa payung.**
ジャ（ン）ガン　　ルパ　　　ムンバワ　　パユン（グ）

# 05 未来、意思 🔊 066

┤ 基本フレーズ ├

私は〜するつもりです。／〜する予定です。

## Saya akan + 動詞 .
サヤ　　アカン

未来を表す助動詞**akan**は動詞の前に置きます。

私はバリ島で休暇を過ごす予定です。

### Saya akan berlibur di Pulau Bali.
サヤ　　　アカン　　ブルリブル　　ディ　　プラウ　　バリ

私はジャカルタに出張する予定です。

### Saya akan berdinas ke Jakarta.
サヤ　　　アカン　　ブルディナス　　ク　　ジャカルタ

私はシンガポールに立ち寄るつもりです。

### Saya akan mampir / singgah di Singapura.
サヤ　　　アカン　　マンピル　　　　スィンガ　　ディ　スィ(ン)ガプラ

まもなく私は買い物に行くつもりです。

### Sebentar lagi saya akan pergi berbelanja.
スブンタル　　ラギ　　サヤ　　アカン　　プルギ　　ブルブランジャ

私は友人の家を訪問する予定です。

### Saya akan berkunjung ke rumah teman.
サヤ　　　アカン　　ブルクンジュン(グ)　　ク　　ルマ　　トゥマン

次回、私はあなたにおごります。

### Saya akan traktir Anda kali lain.
サヤ　　　アカン　　トラクティル　　アンダ　　カリ　　ライン

> 今おごるなら、Saya yang traktir Anda.

A 明日の朝6時に私はホテルを出発します。

**Besok** saya akan **berangkat** dari hotel pada
ベソッ　　　サヤ　　アカン　　　ブラン(グ)カッ　　　ダリ　　　ホテル　　　パダ

pukul 6 pagi.
プクル　ウナム　パギ

明日、モーニングコールをお願いします。

**Minta** *wake-up call* **besok.**
ミンタ　　　ウエイクアッ(プ) コール　　　ベソッ

B 明日、あなたは何時に起きる予定ですか?

**Besok** Bapak akan **bangun** pada **pukul berapa?**
ベソッ　　　バパッ　　アカン　　バ(ン)グン　　パダ　　　プクル　　　ブラパ

A 朝5時です。

Pada pukul 5 pagi.
パダ　　　プクル　リマ　パギ

B あなたは朝食を食べますか?

**Bapak** akan **makan pagi?**
バパッ　　アカン　　マカン　　パギ

> sarapan [サラパン] と
> も言います。

A 私は朝食を食べる時間がありません。

Saya tidak **sempat makan pagi.**
サヤ　　ティダッ　スンパッ　　マカン　　パギ

B 承知しました。私たちはあなたのためにお弁当を用意します。

Baik. Kami akan **menyiapkan bekal untuk**
バイッ　　カミ　　アカン　　ムニアッ(プ)カン　　ブカル　　ウントゥク

Bapak.
バパッ

A ご理解ありがとうございます。

Terima kasih atas **pengertiannya.**
トゥリマ　　カスィ　　アタス　　プ(ン)グルティアンニャ

# 06 必要、不要 🔊 067

┤ 基本フレーズ ├

私は〜が必要です。

**Saya perlu +** 名詞 **.**
サヤ　　　プルル

私は〜は必要ありません。

**Saya tidak perlu +** 名詞 **.**
サヤ　　ティダッ　　プルル

必要、不要なもの（名詞）を伝えましょう。**mengenai**［ム（ン）グナイ］＋名詞「〜に関して」、**untuk**［ウントゥッ］＋動詞「〜のために」で理由を追加できます。**saya**以外の主語に変更すると応用できます（→P051）。

私はあなたの助けが必要です。

**Saya perlu bantuan Bapak.**
サヤ　　プルル　　バントゥアン　　ババッ

私はその件に関する最新情報が必要です。

**Saya perlu informasi terbaru mengenai hal itu.**
サヤ　　プルル　　インフォルマスィ　　トゥルバル　　ム（ン）グナイ　　ハル　イトゥ

私は旅行するために時間と費用が必要です。

**Saya perlu waktu dan biaya untuk berwisata.**
サヤ　　プルル　　ワクトゥ　　ダン　　ビアヤ　　ウントゥッ　　ブルウィサタ

あなたは支払いのための現金は必要ありません。

**Ibu tidak perlu uang kontan untuk membayar.**
イブ　ティダッ　　プルル　　ウワン（グ）　　コンタン　　ウントゥッ　　ムンバヤル

応用フレーズ

~する必要があります。

主語 + perlu + 動詞 .

プルル

~する必要はありません。

主語 + tidak perlu / usah + 動詞 .

ティダッ　　　　プルル　　　　ウサ

名詞だけでなく動詞にも使います。**usah** は主に否定で用います。

私はあなたと相談する必要があります。

**Saya perlu berunding dengan Bapak.**

サヤ　　　プルル　　　ブルンディン(グ)　　ドゥ(ン)ガン　　バパッ

私は事前にチケットを予約する必要はありますか?

**Apakah saya perlu memesan tiket sebelumnya?**

アパカ　　　サヤ　　　プルル　　　ムムサン　　ティケッ　　スブルムニャ

疑問文の **apakah** はP063を参照してください。**memesan** [ムムサン]「予約する」には「注文する」という意味もあります。

私はすぐに出発する必要はありません。

**Saya tidak perlu segera berangkat.**

サヤ　　ティダッ　　プルル　　スグラ　　ブラン(グ)カッ

あなたは、今日、残業する必要はありません。

**Ibu tidak usah bekerja lembur hari ini.**

イブ　　ティダッ　　ウサ　　ブクルジャ　　ルンブル　　ハリ　　イニ

あなたはパーティーに何も持って行く必要はありません。

**Anda tidak usah membawa apa-apa ke pesta.**

アンダ　　ティダッ　　ウサ　　ムンバワ　　アパアパ　　ク　　ペスタ

117

# 07 義務、当然  068

┤ 基本フレーズ ├

私は～しなければなりません。

## Saya harus / mesti + 動詞 .
サヤ　　　ハルス　　　ムスティ

義務を表す **harus, mesti** はどちらもよく使います。**saya** 以外の主語に変更すると応用できます（→P051）。

私は来年、日本に帰らなければなりません。

## Saya harus pulang ke Jepang tahun depan.
サヤ　　　ハルス　　プラン(グ)　ク　ジュパン(グ)　タフン　ドゥパン

私は朝7時に空港に行かなければなりません。

## Saya mesti (pergi) ke bandara pada
サヤ　　ムスティ　　プルギ　　ク　　バンダラ　　　パダ

## pukul 7 pagi.
プクル　トゥジュ　パギ

> 時刻はP068。

私は朝早く起きなければなりません。

## Saya harus bangun pagi-pagi.
サヤ　　　ハルス　　バ(ン)グン　　パギパギ

> **malam-malam**
> ［マラムマラム］
> 「夜遅く」。

私たちは次のバスに乗らなければなりません。

## Kita mesti naik bus berikutnya.
キタ　　ムスティ　　ナイッ　　ブス　　ブリクッニャ

私は今日、家にいなければなりません。

## Saya harus berada di rumah hari ini.
サヤ　　　ハルス　　ブラダ　　ディ　　ルマ　　ハリ　　イニ

あなたは〜しなければなりません。
あなたは〜すべきです。

# Anda harus / mesti + 動詞 .
アンダ　　　ハルス　　　　ムスティ

主語を「あなた」（→P051）にすると奨励や命令を表します。

あなたは列に並ばなければなりません。

# Bapak harus antre.
バパッ　　　ハルス　　　アントレ

あなたはやってみる（試してみる）べきです。

# Anda mesti mencobanya.
アンダ　　ムスティ　　　ムンチョバニャ

あなたは毎日、運動をするべきです。

# Bapak harus berolahraga setiap hari.
バパッ　　　ハルス　　　プロララガ　　　　スティアッ(プ)　ハリ

berolahraga には「スポーツをする」という意味もあります。「体操する」
は bersenam［ブルスナム］。

あなたはコタ駅で列車を乗り換えなければなりません。

# Anda mesti ganti kereta di Stasiun Kota.
アンダ　　ムスティ　　ガンティ　　クレタ　　ディ　スタスィウン　　コタ

あなたは気をつけてください。　この通りは往来が激しいです。

# Ibu harus berhati-hati. Jalan ini ramai.
イブ　　ハルス　　ブルハティハティ　　　ジャラン　イニ　ラマイ

ramai は「にぎやかな、（人や車で）混み合った」という意味です。

# 08 推量 🔊 069

┃ 基本フレーズ ┃

おそらく／たぶん〜です。

**Mungkin + 文.**
ムン（グ）キン

文の前に **mungkin** を追加すると推測を表します。

おそらく明日は雨です。

**Mungkin besok hujan.**
ムン（グ）キン　ベソッ　フジャン

「雨」は **cerah**［チュラ］「晴れ」、**mendung**［ムンドゥン（グ）］「曇り」、**hujan lebat / hujan deras**［フジャン　ルバッ／フジャン　ドゥラス］「大雨」に入れ替え可。

おそらく彼は日本人です。

**Mungkin dia orang Jepang.**
ムン（グ）キン　ディア　オラン（グ）　ジュパン（グ）

おそらく彼らは車で来ます。

**Mungkin mereka datang dengan mobil.**
ムン（グ）キン　ムレカ　ダタン（グ）　ドゥ（ン）ガン　モビル

たぶんこの果物はまだ熟していません。

**Mungkin buah ini belum matang / masak.**
ムン（グ）キン　ブア　イニ　ブルム　マタン（グ）　マサッ

**matang / masak**「熟した、煮えた」の反意語は **mentah**［ムンタ］「未熟な、生煮えの、生の」。

たぶんその電話番号は間違っています。

**Mungkin nomor teleponnya salah.**
ムン（グ）キン　ノモル　テレポンニャ　サラ

120

たぶん私はそのイベントに出席できません。

**Mungkin saya tidak bisa hadir dalam acara itu.**
ムン（グ）キン　　サヤ　　ティダッ　ビサ　　ハディル　　ダラム　　アチャラ　イトゥ

おそらく今日、その店は開いていません。

**Mungkin hari ini toko itu tidak buka.**
ムン（グ）キン　　ハリ　　イニ　　トコ　イトゥ　ティダッ　　ブカ

たぶん来月、私はひまです（時間があります）。

**Mungkin saya ada waktu luang bulan depan.**
ムン（グ）キン　　サヤ　　アダ　　ワクトゥ　ルアン（グ）　ブラン　　ドゥパン

おそらく彼が言うことは正しいです。

**Mungkin apa yang dikatakannya betul.**
ムン（グ）キン　　アパ　ヤン（グ）　ディカタカンニャ　　ブトゥル

おそらくその飛行機は遅れて出発します。

**Mungkin pesawat itu akan terlambat**
ムン（グ）キン　　プサワッ　イトゥ　アカン　　トゥルランバッ

**berangkat.**
ブラン（グ）カッ

「フライトキャンセル」は **batal berangkat**［バタル　ブラン（グ）カッ］。

たぶんその荷物は来週、届きます。

**Mungkin barang itu akan sampai**
ムン（グ）キン　　バラン（グ）　イトゥ　アカン　　サンパイ

**minggu depan.**
ミング　　ドゥパン

たぶん私はあなたに同行することができます。

**Mungkin saya bisa menemani Anda.**
ムン（グ）キン　　サヤ　ビサ　　ムヌマニ　　アンダ

# ⓪9 決意、確信 🔊 070

┤ 基本フレーズ ├

必ず／きっと〜します。

主語 ＋ **pasti** ＋ 動詞 .
パスティ

決意や確信を表すpasti「必ず／きっと」は動詞の前に置きます。未定は
**belum pasti**［ブルム　パスティ］「まだ確定ではありません」。

あなたにはきっとできます。

## Anda pasti bisa.
アンダ　　パスティ　　ビサ

このチャーハンはきっとおいしいです。

## Nasi goreng ini pasti enak.
ナスィ　　ゴレン（グ）　イニ　パスティ　エナッ

私は必ず空港にあなたを迎えに行きます。

## Saya pasti menjemput Bapak di bandara.
サヤ　　パスティ　　ムンジュンプッ　　ババッ　ディ　バンダラ

私は必ずあなたの結婚パーティーに出席します。

## Saya pasti hadir dalam pesta pernikahan
サヤ　　パスティ　ハディル　ダラム　ペスタ　プルニカハン

## Anda.
アンダ

彼は明後日、来られるか、まだ確実ではありません。

## Dia belum pasti bisa datang lusa.
ディア　ブルム　パスティ　ビサ　ダタン（グ）　ルサ

## 私はきっと〜と思います。／〜を確信します。

# Saya yakin bahwa + 文 . / akan + 名詞 .
サヤ　　ヤキン　　バッワ　　　　　　　　　　　　　アカン

接続詞 bahwa の後は文、前置詞 akan の後は名詞です。否定は **Saya tidak yakin** 〜.［サヤ　ティダッ　ヤキン］「私は〜に確信が持てません」。

### 私はきっとすべては順調に進むと確信します。

# Saya yakin bahwa semuanya akan berjalan
サヤ　　ヤキン　　バッワ　　スムアニャ　　アカン　　ブルジャラン

# lancar.
ランチャル

### 私は必ずそのチームは勝つと思います。

# Saya yakin bahwa tim itu akan menang.
サヤ　　ヤキン　　バッワ　　ティム　イトゥ　アカン　ムナン(グ)

### 私は必ず彼は参加すると思います。

# Saya yakin bahwa dia ikut / ikut serta.
サヤ　　ヤキン　　バッワ　　ディア　イクッ　　イクッ　スルタ

### 私はきっとあなたがそれを気に入ると思います。

# Saya yakin bahwa Bapak akan menyukainya.
サヤ　　ヤキン　　バッワ　　バパッ　　アカン　ムニュカイニャ

### 私はあなたの能力を確信します。

# Saya yakin akan kemampuan Anda.
サヤ　　ヤキン　　アカン　クマンプアン　　アンダ

### 私は自分の記憶力に確信が持てません。

# Saya tidak yakin akan daya ingat saya.
サヤ　ティダッ　ヤキン　アカン　ダヤ　イ(ン)ガッ　サヤ

# 10 興味 🔊 071

基本フレーズ

私は〜（名詞）に興味があります。

## Saya berminat akan + 名詞 .
サヤ　　　　ブルミナツ　　　　アカン

私は〜（名詞）に魅力を感じます。

## Saya tertarik pada + 名詞 .
サヤ　　　　トゥルタリッ　　　　パダ

興味のあるものには **akan**、魅力を感じるものには **pada** の前置詞が必要です。否定は主語 **saya**「私」の後に **tidak**「〜ない」を置きます。

私は歴史や世界遺産に興味があります。

### Saya berminat akan sejarah dan warisan dunia.
サヤ　　　　ブルミナツ　　　アカン　　　スジャラ　　　ダン　　　ワリサン　　　ドゥニア

私はマリンスポーツに興味がありません。

### Saya tidak berminat akan olahraga laut.
サヤ　　　ティダッ　　　ブルミナツ　　　アカン　　　オララガ　　　ラウッ

私はインドネシアの音楽に魅力を感じます。

### Saya tertarik pada musik Indonesia.
サヤ　　　トゥルタリッ　　　パダ　　　ムスィッ　　　インドネスィア

私は絵画や彫刻に魅力を感じません。

### Saya tidak tertarik pada lukisan dan ukiran.
サヤ　　　ティダッ　　　トゥルタリッ　　　パダ　　　ルキサン　　　ダン　　　ウキラン

私は〜（動詞）に興味があります。

# Saya berminat untuk + 動詞 .
サヤ　　　　　　ブルミナッ　　　　　ウントゥッ

「〜することに興味がある」は「untuk ＋行いたい動詞」で表します。否定は主語 saya「私」の後に tidak「〜ない」、belum「まだ〜ない」を置きます。

私はドリアンを食べることに興味があります。

# Saya berminat untuk makan durian.
サヤ　　　　　ブルミナッ　　　　ウントゥッ　　　マカン　　　ドゥリアン

私はプンチャック・シラットを観戦することに興味があります。

# Saya berminat untuk menonton pencak silat.
サヤ　　　　　ブルミナッ　　　　ウントゥッ　　　ムノントン　　　プンチャッ　　スィラッ

プンチャック・シラットはインドネシアの伝統武術。

私はインドネシアを旅行することに興味があります。

# Saya berminat untuk berwisata di Indonesia.
サヤ　　　　　ブルミナッ　　　　ウントゥッ　　　ブルウィサタ　　ディ　　インドネスィア

私はガムランを練習することに興味があります。

# Saya berminat untuk berlatih gamelan.
サヤ　　　　　ブルミナッ　　　　ウントゥッ　　　ブルラティ　　　ガムラン

ガムランはインドネシアの伝統的な器楽合奏音楽。

私はゴルフをすることに興味がありません。

# Saya tidak berminat untuk bermain golf.
サヤ　　　ティダッ　　　ブルミナッ　　　　ウントゥッ　　　ブルマイン　　　ゴルフ

私はまだ結婚（すること）に興味がありません。

# Saya belum berminat untuk menikah.
サヤ　　　　ブルム　　　　ブルミナッ　　　　ウントゥッ　　　ムニカ

# 練習問題

**1** 次の文をインドネシア語にしてみましょう。

**❶** 電話番号とメールアドレスを（教えて）ください。

**❷** どうぞ私の家にいらしてください。

**❸** 一緒に食事をしましょう。

**❹** 写真を撮ってもいいですか?

**❺** 私はロンボク島で休暇を過ごす予定です。

**❻** 私は事前にチケットを予約する必要があります。

**❼** 私は明日、東京に帰らなければなりません。

**❽** たぶん今日、そのレストランは開いていません。

**❾** 私は必ずそのパーティーに出席します。

**❿** 私はインドネシアの歴史に興味があります。

解答

**①** Minta nomor telepon dan alamat *e-mail*nya. →P106
ミンタ　ノモル　テレポン　ダン　アラマッ　イメルニャ

**②** Silakan datang di rumah saya. →P109
スィラカン　ダタン(グ)　ディ　ルマ　サヤ

**③** Mari (kita) makan bersama. →P110
マリ　キタ　マカン　ブルサマ

**④** Boleh (saya) mengambil foto? →P112
ボレ　サヤ　ム(ン)ガンビル　フォト

**⑤** Saya akan berlibur di Pulau Lombok. →P114
サヤ　アカン　ブルリブル　ディ　プラウ　ロンボッ

**⑥** Saya perlu memesan tiket sebelumnya. →P117
サヤ　プルル　ムムサン　ティケッ　スブルムニャ

**⑦** Saya harus / mesti pulang ke Tokyo besok. →P118
サヤ　ハルス　ムスティ　プラン(グ)　ク　トウキョウ　ベソッ

**⑧** Mungkin hari ini restoran itu tidak buka. →P121
ムン(グ)キン　ハリ　イニ　レストラン　イトゥ　ティダッ　ブカ

**⑨** Saya pasti hadir dalam pesta itu. →P122
サヤ　パスティ　ハディル　ダラム　ペスタ　イトゥ

**⑩** Saya berminat akan sejarah Indonesia. →P124
サヤ　ブルミナッ　アカン　スジャラ　インドネスィア

## 練習問題

2 次の会話文をインドネシア語にしてみましょう。

❶ A：明日、公園に行きましょう。

　　B：おそらく明日は晴れるでしょう。

❷ A：ちょっとお手洗いに行ってもいいですか?

　　B：どうぞ。

❸ A：焼きそばを3包みください。

　　B：少々、お待ちいただけますか?

> テイクアウト用です。

解答

❶ A：**Mari (kita) (pergi) ke taman besok.** →P110
　　マリ　　キタ　　プルギ　ク　タマン　　ベソッ

　　B：**Mungkin besok cerah.** →P120
　　ムン(グ)キン　　ベソッ　　チュラ

❷ A：**Boleh (saya) ke belakang sebentar?** →P112
　　ボレ　　サヤ　　ク　ブラカン(グ)　スプンタル

　　B：**Silakan.** →P108
　　スィラカン

❸ A：**Minta mi goreng tiga bungkus.** →P106, P055, P219
　　ミンタ　ミ　ゴレン(グ)　ティガ　ブン(グ)クス

　　B：**Mohon tunggu sebentar.** →P107
　　モホン　　トゥング　　スプンタル

# Hari ke-5 (Day 5)

# いつどこで何をしたか
# 質問してみよう

## 疑問詞を使いこなす

まずは、P064で紹介した単独でも使える kapan
「いつ」、di mana「どこで」、apa「何」などの疑
問詞を覚えてください。Day 5 では、それらの疑
問詞を使って、相手の趣味や出身地、年齢を尋ね
るほか、値段、時間、日にち、味、状況、天候、
理由など様々なことについて、さらに質問の幅を広げてみましょう。

# 01 疑問詞 apa

072

基本フレーズ

**〜は何ですか？**

名詞 **+ apa?** / **Apa +** 名詞 **?**
　　　　アパ　　　　アパ

apa「何」は「物」を尋ねる疑問詞で、文頭、文末のどちらにも使われます。前置詞（→P076）を伴う **Untuk apa?**［ウントゥッ　アパ］「何のため？」、**Dengan apa?**［ドゥ（ン）ガン　アパ］「何（の手段）で？」、**Tentang apa?**［トゥンタン（グ）　アパ］「何について？」などの表現もあります。

これは何ですか？　何ですかそれは？

**Ini apa?**　**Apa itu?**
イニ　アパ　　　アパ　イトゥ

あなたの趣味は何ですか？

**Hobi / Kegemaran Bapak apa?**
ホビ　　クグマラン　　　　ババッ　アパ

この料理の名前は何ですか？

**Apa nama masakan ini?**
アパ　ナマ　マサカン　イニ

> ジャワ料理、パダン料理など各地の名物料理がたくさんあります。

このお菓子は何のためですか？　→　パーティーのためです。

**Kue ini untuk apa?**　**Untuk pesta.**
クエ　イニ　ウントゥッ　アパ　　ウントゥッ　ペスタ

あなたは何で来ましたか？　→　タクシーで。

**Anda datang dengan apa?**　**Dengan taksi.**
アンダ　ダタン（グ）　ドゥ（ン）ガン　アパ　　ドゥ（ン）ガン　タクスィ

## あなたは何を〜しますか?

# Anda +( 助動詞 )+ 動詞 + apa?
アンダ　　　　　　　　　　　　　　　　　　　アパ

動詞の目的語を尋ねる時にも **apa** を使います。

### あなたは何を食べたいですか?

# Anda mau makan apa?
アンダ　　マウ　　マカン　　アパ

返答は **Satai.**［サタイ］「串焼き」、**Masakan Indonesia.**［マサカン　インドネスィア］「インドネシア料理」などと答えます。

**A** 何かあったのですか?／どうしたのですか?

# Ada apa?
アダ　アパ

**B** 私は困っています。

# Saya sedang kesulitan / kesusahan.
サヤ　　スダン(グ)　　クスリタン　　　　クスサハン

> 「困難に陥る」という動詞。

**A** あなたは何をしているのですか?

# Ibu sedang (melakukan) apa?
イブ　　スダン(グ)　　ムラクカン　　アパ

口語は **Sedang apa?**「何してる?」でも可。

**B** 私はホテルの部屋のカギを探しています。

# Saya sedang mencari kunci kamar hotel.
サヤ　　スダン(グ)　　ムンチャリ　　クンチ　　カマル　　ホテル

しかし、まだ見つかりません。

# Tetapi belum saya temukan.
トゥタピ　　ブルム　　サヤ　　トゥムカン

# 02 疑問詞 siapa

073

┤ 基本フレーズ ├

だれですか？
## Siapa?
スィアパ

だれのものですか？
## Punya siapa?
プニャ　　スィアパ

　siapa「だれ」は「人」を尋ねる疑問詞で、**Punya siapa?**「だれのもの？」の punya「〜のもの」は所有を表します。前置詞（→P076）を伴う **Dari siapa?**〔ダリ　スィアパ〕「だれから？」、**Kepada siapa?**〔クパダ　スィアパ〕「だれに？」、**Untuk siapa?**〔ウントゥッ　スィアパ〕「だれのため？」、**Dengan siapa?**〔ドゥ（ン）ガン　スィアパ〕「だれと？」などの表現もあります。

こちらはどなたですか？
## Ini siapa?
イニ　スィアパ

この携帯電話はだれのものですか？
## HP ini punya siapa?
ハーペー　イニ　プニャ　スィアパ

あなたはその話をだれから聞きましたか？
## Ibu mendengar cerita itu dari siapa?
イブ　ムンドゥ（ン）ガル　チュリタ　イトゥ　ダリ　スィアパ

あなたの名前は何ですか？
## Siapa nama Anda?
スィアパ　ナマ　アンダ

名前を尋ねる場合、「人」には **siapa**「だれ」、「物」には **apa**〔アパ〕「何」を用います。「人」に **apa** を使うと失礼になります。

## だれが〜しますか？（動詞）／〜ですか？（形容詞）

# Siapa yang + 動詞 / 形容詞 ?
スィアパ　　ヤン(グ)

siapa が主語として文頭に用いられる場合は yang を伴います。

だれが私を空港に迎えに来ますか？

# Siapa yang menjemput saya di bandara?
スィアパ　　ヤン(グ)　　ムンジュンプッ　　サヤ　　ディ　　バンダラ

「迎えに来る、迎えに行く」はどちらも menjemput を用います。

だれが彼らをホテルへ案内しますか？

# Siapa yang mengantar mereka ke hotel?
スィアパ　　ヤン(グ)　　ム(ン)ガンタル　　ムレカ　　ク　　ホテル

だれが私とショッピングモールに行きますか？

# Siapa yang (pergi) ke mal dengan saya?
スィアパ　　ヤン(グ)　　プルギ　　ク　　マル　　ドゥ(ン)ガン　　サヤ

だれが彼にそう言ったのですか？

# Siapa yang mengatakannya kepada dia?
スィアパ　　ヤン(グ)　　ム(ン)ガタカンニャ　　クパダ　　ディア

だれがその件を担当していますか？

# Siapa yang bertanggung jawab atas hal itu?
スィアパ　　ヤン(グ)　　ブルタングン(グ)　　ジャワッ(ブ)　　アタス　　ハル　イトゥ

だれがこの仕事に最もふさわしいですか？

# Siapa yang paling cocok dengan kerja ini?
スィアパ　　ヤン(グ)　　パリン(グ)　　チョチョッ　　ドゥ(ン)ガン　　クルジャ　イニ

# 03 疑問詞 di / ke / dari mana

074

基本フレーズ

どこ（に／で）ですか？
## Di mana?
ディ　　マナ

どこへですか？
## Ke mana?
ク　　マナ

どこからですか？
## Dari mana?
ダリ　　マナ

mana「どこ」は場所を尋ねる疑問詞で、前置詞 di「〜に、〜で」、ke「〜へ」、dari「〜から」を伴います。前置詞があれば、ada「いる、ある」、pergi「行く」、datang「来る」は省略できます（→P076）。質問されたら、mana に場所を入れて答えます。

あなたはどこに住んでいますか？
## Bapak tinggal di mana?
バパッ　ティンガル　ディ　マナ

今、あなたはどこにいますか？
## Sekarang Bapak (ada) di mana?
スカラン(グ)　　バパッ　　アダ　ディ　マナ

あなたはどこへ行きますか？
## Ibu (pergi) ke mana?
イブ　　プルギ　ク　マナ

あなたはどこから来ましたか？
## Anda (datang) dari mana?
アンダ　　ダタン(グ)　　ダリ　マナ

「市場」など具体的な場所だけでなく、「出身、国籍」を尋ねる時にも使います。

応用フレーズ

di mana「どこに／で」、ke mana「どこへ」、dari mana「どこから」は文頭、文末のどちらにも使われます。

トイレはどこですか？ → 右側です。

**Kamar kecilnya di mana? Di sebelah kanan.**
カマル　クチルニャ　ディ　マナ　　ディ　スブラ　カナン

「トイレ」は **toilet**［トイレッ］もよく使います。

> 方位、位置はP229。

あなたの車はどこですか？ → あそこです。

**Di mana mobil Bapak? Di sana.**
ディ　マナ　モビル　バパッ　　ディ　サナ

あなたはどこで働いていますか？ → 銀行です。

**Ibu bekerja di mana? Di bank.**
イブ　ブクルジャ　ディ　マナ　　ディ　バン（グ）

明日の朝、私たちはどこで会いますか？

**Besok pagi kita bertemu di mana?**
ベソッ　パギ　キタ　ブルトゥム　ディ　マナ

私たちはどこで買い物をしますか？

**Kita berbelanja di mana?**
キタ　ブルブランジャ　ディ　マナ

berbelanja「買い物をする」の代わりに berlibur［ブルリブル］「休暇を過ごす」、berenang［ブルナン（グ）］「泳ぐ」を入れると応用できます。

今、私たちはどこへ向かっていますか？

**Ke mana kita menuju sekarang?**
ク　マナ　キタ　ムヌジュ　スカラン（グ）

どこからあなたはその情報を入手しましたか？

**Dari mana Ibu mendapat informasi itu?**
ダリ　マナ　イブ　ムンダパッ　インフォルマスィ　イトゥ

135

# 04 疑問詞 mana, yang mana

075

┤ 基本フレーズ ├

どちらの〜（名詞）ですか？
どの〜（名詞）ですか？

名詞 + **mana?**
マナ

mana「どれ」は限定されたものから選び出す疑問詞です。

**A** あなたはどちらの方（人）／出身ですか？

**Bapak orang / asal mana?**
バパッ　　オラン(グ)　アサル　　マナ

**B** 私はインドネシア人／出身です。

**Saya orang / asal Indonesia.**
サヤ　　オラン(グ)　アサル　インドネスィア

私はジャワ人／出身です。

**Saya orang / asal Jawa.**
サヤ　　オラン(グ)　アサル　ジャワ

**A** 私たちはどの道を通りますか？

**Kita lewat jalan mana?**
キタ　　レワッ　　ジャラン　　マナ

**B** 私たちは高速道路を通ります。

**Kita lewat jalan tol saja.**
キタ　　レワッ　　ジャラン　トル　サジャ

この文の **saja** は複数のものから1つを選択して「（一般道でなく）簡単に〜でいいです、〜にします」という意味です。

## どちらですか?
# Yang mana?
ヤン(グ)　　　マナ

## こちらです。
# Yang ini.
ヤン(グ)　　イニ

Day1 Day2 Day3 Day4 Day5 Day6 Day7 項目別単語

**Yang mana?** は複数の中から**1**つを尋ねる疑問詞で、単独で用いるほか、文頭、文末のどちらにも使われます。返答は、**Yang ini.**「こちらです」、もしくは **Kopi.**〔コピ〕「コーヒーです」など具体的な物で答えます。

あなたのかばんはどちらですか?
# Yang mana tas Bapak?
ヤン(グ)　　　マナ　　　タス　　　ババッ

あなたはどちらがほしいですか?
# Bapak mau yang mana?
ババッ　　　マウ　　ヤン(グ)　　　マナ

どちらが辛くないですか?
# Yang mana tidak pedas?
ヤン(グ)　　　マナ　　ティダッ　　ブダス

> 味覚は P231。

どちらがもっとおいしいですか?
# Yang mana lebih enak?
ヤン(グ)　　　マナ　　　ルビ　　　エナッ

> 比較は P071。

どちらが一番安いですか?
# Yang mana paling murah?
ヤン(グ)　　　マナ　　パリン(グ)　　　ムラ

あなたはお茶とコーヒーのどちらが好きですか?
# Ibu suka yang mana, teh atau kopi?
イブ　　スカ　　ヤン(グ)　　マナ　　　テ　　　アタウ　　コピ

**teh** は主に紅茶で、全国各地には紅茶やコーヒーの産地があります。

# ⓪5 疑問詞 berapa (1)

〔076〕

┤ 基本フレーズ ├

いくらですか?／いくつですか?

# Berapa + 名詞 ?
ブラパ

berapaは、値段や金額「いくら」、人数や個数「何人、何個」、期間「何時間、何日間」、年齢、数値、回数「何歳、何グラム、何回」、時刻や時期「何時、何日」を尋ねる疑問詞です。年月日は**P065**、期間は**P067**、時刻は**P068**を参照してください。

**A** 値段はいくらですか?

# Berapa harganya?
ブラパ　　　ハルガニャ

harga「(物の) 値段」、ongkos［オ (ン) グコス］「(乗り物の) 運賃」、tarif［タリフ］「(ホテルやレンタカーなどの) 料金」を使い分けましょう。

**B** 100万ルピアです。

# Satu juta rupiah.
サトゥ　　ジュタ　　ルピア

**A** 何人ですか?

# Berapa orang?
ブラパ　　オラン(グ)

助数詞は**P055**。

レストランやチケット売り場などで、よく聞かれます。

**B** 3人です。

# Tiga orang.
ティガ　　オラン(グ)

**A** 何歳ですか?

# Berapa umurnya / usianya?
ブラパ　　　　ウムルニャ　　　ウスィアニャ

**B** 20歳です。

# Dua puluh tahun.
ドゥア　　　プル　　　タフン

「歳」と「年」のどちらの意味もあるので、この文だけなら「20年」という意味にもなります。

**A** バリ島に何回行きましたか?

# Sudah berapa kali ke Pulau Bali?
スダ　　　　ブラパ　　　カリ　ク　　ブラウ　　　バリ

**B** 2回です。

# Sudah dua kali.
スダ　　　ドゥア　カリ

回数は P054。

**A** 何日あなたはこのホテルに宿泊しますか?

# Berapa hari Bapak menginap di hotel ini?
ブラパ　　　ハリ　　バパッ　　ム(ン)ギナッ(プ)　ディ　ホテル　イニ

**B** 5日です。

# Lima hari.
リマ　　ハリ

「何日」は berapa malam［ブラパ　マラム］「何泊」とも言いますが、その場合は Lima malam.［リマ　マラム］「5泊」と答えます。

**A** マナド行き往復航空券の値段はいくらですか?

# Berapa harga tiket pesawat pulang pergi ke
ブラパ　　　ハルガ　ティケッ　プサワッ　　プラン(グ)　プルギ　ク

# Manado?
マナド

片道は sekali jalan［スカリ　ジャラン］。

**B** 4百万ルピアです。

# Empat juta rupiah.
ウンパッ　　ジュタ　　ルピア

Day1 Day2 Day3 Day4 Day5 Day6 Day7 項目別単語

# 06 疑問詞 berapa (2)

077

基本フレーズ

どれくらい〜ですか?

**Berapa** + 形容詞 **?**
ブラパ

「**berapa** + 形容詞」は「どのくらい」と程度を尋ねます。

**A** どれくらい（長く）インドネシア語を勉強していますか？

**Sudah berapa lama belajar bahasa Indonesia?**
スダ　　　ブラパ　　　ラマ　　ブラジャル　　　バハサ　　　インドネスィア

**B** 1年以上勉強しています。

期間はP067。

**Sudah lebih dari satu tahun.**
スダ　　ルビ　　ダリ　　サトゥ　タフン

**lebih dari**「〜以上」の反対は **kurang dari**［クラン（グ）ダリ］「〜未満」。
正確には **lebih dari** は「〜より多い」ですが、詳細は **P204** を参照。

**A** 独立記念塔はどれくらいの高さですか？

**Berapa tinggi tugu Monas?**
ブラパ　　　ティンギ　　トゥグ　　モナス

**Monas** は **Monumen Nasional**［モヌメン　ナスィオナル］「国定記念物」の略
でジャカルタの独立広場にあります。地下の歴史博物館にはスカルノ大
統領のインドネシア独立宣言文が納められています。

**B** 132メートルです。

数字はP052。

**132 meter.**
スラトゥス　ティガ　プル　ドゥア　メトゥル

**A** ここからボゴールまでどれくらい（遠い）ですか?

# Berapa jauh dari sini ke Bogor?
ブラパ　　　ジャウ　　ダリ　スィニ　ク　　ボゴル

ボゴールは「雨の町」と呼ばれる西ジャワ州の都市で、1万2500種の植物を集めたボゴール植物園は必見です。

**B** 約50キロです。

# Kira-kira 50 kilometer.
キラキラ　　リマ　プル　キロメトゥル

lebih kurang［ルビ クラン（グ）］、kurang lebih［クラン（グ）ルビ］も同じ意味です。

**A** どれくらい（長く）時間がかかりますか?

# Makan waktu berapa lama?
マカン　　ワクトゥ　　ブラパ　　ラマ

**B** 車で約1時間半です。

# Kurang lebih 1 setengah jam dengan mobil.
クラン(グ)　　ルビ　サトゥ ストゥ(ン)ガ　ジャム　ドゥ(ン)ガン　モビル

**A** カリマンタンのカプアス川の長さはどのくらいですか?

# Berapa panjang Sungai Kapuas di
ブラパ　　パンジャン(グ)　ス(ン)ガイ　　カプアス　ディ

# Kalimantan?
カリマンタン

**B** 1,143キロメートルです。

# 1.143 kilometer.
スリブ スラトゥス ウンパッ プル ティガ キロメトゥル

**A** その遊園地の広さはどのくらいですか?

# Berapa luas taman hiburan itu?
ブラパ　　ルアス　　タマン　　ヒブラン　イトゥ

**B** すみません、わかりません。

# Maaf, saya tidak tahu.
マアフ　　サヤ　ティダッ　タウ

# 07 疑問詞 berapa (3)

078

┤ 基本フレーズ ├

何時ですか?
## Pukul / Jam berapa?
プクル　　ジャム　　ブラパ

何時間ですか?
## Berapa jam?
ブラパ　　ジャム

---

時刻を尋ねる **Pukul / Jam berapa?**「何時ですか?」の **pukul** は標準語で **jam** は口語です。「何時?」と「何時間?」の **berapa** の位置の違いに注意しましょう。時間の長さを尋ねる **Berapa jam?** に **pukul** は使えません。

**A** 今、何時ですか?
### Sekarang pukul / jam berapa?
スカラン(グ)　　プクル　　ジャム　　ブラパ

**B** 朝／午前7時です。
### Pukul / Jam 7 pagi.
プクル　　ジャム　トゥジュ　パギ

> 時刻は P068。
> 数字は P052。

**A** 私たちは何時に出発しますか?
### Pukul / Jam berapa kita berangkat?
プクル　　ジャム　　ブラパ　　キタ　　ブラン(グ)カッ

**B** まもなく私たちは出発します。
### Sebentar lagi kita berangkat.
スブンタル　　ラギ　　キタ　　ブラン(グ)カッ

142

A その試合は何時に始まりますか?

**Pertandingan itu mulai pukul/jam berapa?**
プルタンディ(ン)ガン　イトゥ　ムライ　　プクル　　ジャム　　ブラパ

B 午後1時半です。

**Pukul/Jam setengah 2 siang.**
プクル　　ジャム　ストゥ(ン)ガ　ドゥア　スィアン(グ)

> 「1時半」の表現に注意。時刻は **P068**。

A その公演は何時間ですか?

**Pertunjukannya berapa jam?**
プルトゥンジュカンニャ　　ブラパ　　ジャム

> すでに話題になったことは、接尾辞 **-nya** [ニャ]「その〜」で表します。

B 1時間半です。

**Satu setengah jam.**
サトゥ　ストゥ(ン)ガ　ジャム

A あなたは何時まで会社にいますか?

**Sampai pukul berapa Bapak ada di kantor?**
サンパイ　　プクル　　ブラパ　　パパッ　アダ　ディ　カントル

B 夕方/午後5時までです。

**Sampai pukul 5 sore.**
サンパイ　　プクル　リマ　ソレ

A 家から会社まで何時間ですか?

**Berapa jam dari rumah ke kantor?**
ブラパ　ジャム　ダリ　　ルマ　　ク　カントル

B 電車で1時間です。

**Satu jam dengan kereta listrik.**
サトゥ　ジャム　ドゥ(ン)ガン　クレタ　リストリッ

143

# 08 疑問詞 kapan

079

基本フレーズ

いつですか?

## Kapan?
カパン

kapan「いつ」は時を尋ねる疑問詞で、主に文頭に用います。

**A** いつあなたはジャカルタに来ましたか?

## Kapan Bapak datang di Jakarta?
カパン　　　　バパッ　　　　ダタン(グ)　　ディ　　ジャカルタ

**B** 3日前です。

## Tiga hari (yang) lalu.
ティガ　　ハリ　　ヤン(グ)　　ラル

日にちは P065。

**A** いつあなたは日本に戻り／帰りますか?

## Kapan Bapak kembali / pulang ke Jepang?
カパン　　　　バパッ　　　クンバリ　　　　　ブラン(グ)　　ク　　ジュパン(グ)

**B** 明日の夜です。

## Besok malam.
ベソッ　　　マラム

**A** いつあなたはまたインドネシアに来ますか?

## Kapan Bapak datang lagi di Indonesia?
カパン　　　　バパッ　　　ダタン(グ)　　ラギ　ディ　　インドネスィア

**B** 近いうちに。

## Dalam waktu dekat.
ダラム　　　ワクトゥ　　ドゥカッ

**A** あなたのお誕生日はいつですか?

**Kapan hari ulang tahun Bapak?**
カパン　　ハリ　ウラン(グ)　タフン　　バパッ

**B** 5月31日です。

**Tanggal 31 Mei.**
タンガル　ティガ プル サトゥ　メイ

> 月は P227。
> 数字は P052。

---

**A** いつ彼は戻りますか?

**Kapan dia kembali?**
カパン　　ディア　　クンバリ

**B** 2時間後です。

**Dua jam lagi.**
ドゥア　ジャム　ラギ

> 期間は P067。

---

**B** いつ私はあなたに会えますか?

**Kapan saya bisa bertemu dengan Ibu?**
カパン　サヤ　ビサ　ブルトゥム　ドゥ(ン)ガン　イブ

**A** いつでも。 ／ いつか。

**Kapan saja.** ／ **Kapan-kapan.**
カパン　サジャ　　　　カパンカパン

> 断りたいなら、こちらの
> 表現を使います。

---

**B** いつ私たちはバンドンへ遊びに行きますか?

**Kapan kita jalan-jalan ke Bandung?**
カパン　　キタ　ジャラン　ジャラン　ク　バンドゥン(グ)

**A** この週末はどうですか?

**Bagaimana kalau akhir minggu ini?**
バガイマナ　　　カラウ　アヒル　ミング　イニ

# 09 疑問詞 bagaimana

080

基本フレーズ

～はどうですか？／～はどうでしたか？

## Bagaimana ＋ 名詞 ？
バガイマナ

bagaimana「どのような、どんな」は状態や程度を尋ねる疑問詞です。

味はどうですか？

## Bagaimana rasanya?
バガイマナ　　　　ラサニャ

あなたの意見はどうですか？

## Bagaimana pendapat Ibu?
バガイマナ　　　　プンダパッ　　　イブ

あなたの調子（具合）はどうですか？

## Bagaimana keadaan Bapak?
バガイマナ　　　　クアダアン　　　ババッ

人の調子を尋ねる場合は「お元気ですか？」と同義の決まり文句です。
keadaan［クアダアン］「状況」の代わりに mobil［モビル］「車」、bisnis［ビ
スニス］「事業」などを入れて、物や状態を尋ねることもあります。

昨日のパーティーの雰囲気はどうでしたか？

## Bagaimana suasana pesta kemarin?
バガイマナ　　　　スアサナ　　　ペスタ　　　クマリン

日本からの旅はどうでしたか？

## Bagaimana perjalanan dari Jepang?
バガイマナ　　　　プルジャラナン　　　ダリ　　ジュパン（グ）

**A** インドネシアの気候はどうですか？

# Bagaimana hawa di Indonesia?
バガイマナ　　　ハワ　　ディ　　インドネスィア

「気候」とこの下の「天気」との違いに注意しましょう。

**B** かなり暑くて、雨は降りません。

# Cukup panas dan tidak hujan.
チュクッ(プ)　　パナス　　ダン　　ティダッ　　フジャン

今は乾季（4〜9月）です。

# Sekarang musim kemarau.
スカラン(グ)　　ムスィム　　クマラウ

雨季(10〜3月)にはおいしい果物がたくさんあります。

# Ada banyak buah enak pada
アダ　　バニャッ　　ブア　　エナッ　　パダ

# musim hujan.
ムスィム　　フジャン

東京の天気はどうですか？

# Bagaimana cuaca di Tokyo?
バガイマナ　　　チュアチャ　ディ　トウキョウ

**A** 天気はよくて、晴れています。

# Cuacanya baik dan cerah.
チュアチャニャ　　バイッ　　ダン　　チュラ

今、日本は春です。

# Sekarang musim semi di Jepang.
スカラン(グ)　　ムスィム　　スミ　ディ　ジュパン(グ)

musim panas［ムスィム　パナス］「夏」、musim gugur［ムスィム　ググル］「秋」、musim dingin［ムスィム　ディ（ン）ギン］「冬」も覚えましょう。

# 10 疑問詞 mengapa, kenapa

081

基本フレーズ

なぜですか?
# Mengapa? / Kenapa?
ム(ン)ガパ　　　クナパ

〜だからです。
# Karena 〜. / Sebab 〜.
カルナ　　　スバッ(ブ)

mengapa は理由を尋ねる疑問詞で、kenapa は口語で使われます。答えには karena, sebab を用います。

**A** なぜあなたは遅刻したのですか?
# Mengapa Bapak terlambat?
ム(ン)ガパ　　バパッ　　トゥルランバッ

**B** (道が)渋滞していたからです。
# Karena (jalannya) macet.
カルナ　　ジャランニャ　　マチュッ

渋滞がひどい都市部では最もよく使われる理由です。口語では jalannya はしばしば省略されます。

**B** なぜあなたはまちがえたのですか?
# Kenapa Ibu membuat kesalahan?
クナパ　　イブ　　ムンブアッ　　クサラハン

**A** あわてていたからです。
# Sebab terburu-buru.
スバッ(ブ)　　トゥルブルブル

148

A  なぜこの腕時計はとても高いのですか?

# Mengapa jam tangan ini mahal sekali?
ム(ン)ガパ　　ジャム　　タ(ン)ガン　　イニ　　マハル　　スカリ

B  輸入品だからです。

# Karena barang impor.
カルナ　　バラン(グ)　　インポル

A  なぜあなたはとても喜んでいるのですか?

# Kenapa Ibu sangat gembira?
クナパ　　イブ　　サ(ン)ガッ　　グンビラ

感情は P230。

B  友人からプレゼントをもらったからです。

# Sebab mendapat hadiah dari teman.
スバッ(ブ)　　ムンダパッ　　ハディア　　ダリ　　トゥマン

A  なぜあなたは眠いのですか?

# Kenapa Bapak mengantuk?
クナパ　　ババッ　　ム(ン)ガントゥッ

B  徹夜してテレビを見ていたからです。

# Karena bergadang menonton TV.
カルナ　　ブルガダン(グ)　　ムノントン　　ティーフィー

A  なぜこのショッピングモールはとても混んでいますか?

# Mengapa mal ini amat ramai?
ム(ン)ガパ　　マル　　イニ　　アマッ　　ラマイ

B  今日はバーゲンセールがあるからです。

# Sebab hari ini ada obral.
スバッ(ブ)　　ハリ　　イニ　　アダ　　オブラル

50%ディスカウントです。

# Diskonnya 50 persen.
ディスコンニャ　　リマ　　プル　　プルセン

# 練習問題

**1** 次の文をインドネシア語にしてみましょう。
「あなた」はAndaを使ってください。

**①** あなたは何をしているのですか?

**②** この傘はだれのものですか?

**③** あなたはどこに住んでいますか?

**④** どちらがもっと甘いですか?

**⑤** 何日間あなたはこのホテルに宿泊しますか?

**⑥** どれくらいインドネシア語を勉強していますか?

**⑦** 私たちは何時に到着する予定ですか?

**⑧** アニタさんはいつ戻りますか?

**⑨** そのレストランの雰囲気はどうですか?

**⑩** なぜあなたはとても心配しているのですか?

**❶ Anda sedang (melakukan) apa?** →P131

アンダ　スダン(グ)　　ムラクカン　　アパ

**❷ Payung ini punya siapa?** →P132, P224

パユン(グ)　イニ　プニャ　スィアパ

**❸ Anda tinggal di mana?** →P134

アンダ　ティンガル　ディ　マナ

**❹ Yang mana lebih manis?** →P137, P231

ヤン(グ)　マナ　ルビ　マニス

**❺ Berapa hari Anda menginap di hotel ini?** →P139

ブラパ　　ハリ　　アンダ　ム(ン)ギナッ(プ)　ディ　ホテル　イニ

**❻ Sudah berapa lama belajar bahasa Indonesia?**

スダ　　　ブラパ　　ラマ　　ブラジャル　バハサ　　インドネスィア

→P140

**❼ Pukul / Jam berapa kita akan tiba / sampai?**

プクル　　ジャム　　ブラパ　　キタ　アカン　ティバ　　サンパイ

→P142, P114, P239

**❽ Kapan Ibu Anita kembali?** →P145, P051

カパン　イブ　アニタ　　クンバリ

**❾ Bagaimana suasana restoran itu?** →P146, P218

バガイマナ　　スアサナ　レストラン　イトゥ

**❿ Kenapa Anda sangat khawatir?** →P149, P230

クナパ　　アンダ　サ(ン)ガッ　ハワティル

## 練習問題

**2** 次の会話文をインドネシア語にしてみましょう。

**❶** A：私たちはどこで休暇を過ごしますか?

B：クタビーチで。

**❷** A：あなたは肉と魚のどちらが好きですか?

B：私は肉が好きです。

**❸** A：その公演は何時に始まりますか?

B：午後6時半です。

解答

**❶** A：**Kita berlibur di mana?** →P135, P214
キタ　ブルリブル　ディ　マナ

B：**Di Pantai Kuta.**
ディ　パンタイ　クタ

**❷** A：**Anda suka yang mana, daging atau ikan?**
アンダ　スカ　ヤン(グ)　マナ　ダギン(グ)　アタウ　イカン

B：**Saya suka daging.** →P137, P095
サヤ　スカ　ダギン(グ)

**❸** A：**Pertunjukan itu mulai pukul/jam berapa?**
プルトゥンジュカン　イトゥ　ムライ　プクル　ジャム　ブラパ

B：**Pukul/Jam setengah 7 malam.** →P143, P069
プクル　ジャム　ストゥ(ン)ガ　トゥジュ　マラム

# Hari ke-6 (Day 6)

# さらにいろいろな質問をしてみよう

## 疑問詞を使わない質問もしてみる

**Day 5**では疑問詞を使った質問を学びましたが、**Day 6**では疑問詞bagaimana「どのように」を使った質問のほか、疑問詞を使わない文で質問してみましょう。存在の有無、物事や状況、方法を尋ねたり、相手の行動、感想、意見なども聞くことができるようになります。

# 01 存在の有無を尋ねる

082

---

| 基本フレーズ |

**～はありますか？／～はいますか？**

**Ada +** 名詞 **?**
アダ

**あります。／います。**

**Ada.**
アダ

**ありません。／いません。**

**Tidak ada.**
ティダッ　アダ

---

物や人の存在の有無を尋ねる **ada** は返答と併せて覚えましょう。

ビールはありますか？

**Ada bir?**
アダ　ビル

ほかの飲み物はありますか？

**Ada minuman lain?**
アダ　　ミヌマン　　ライン

駅の近くに中華料理レストランはありますか？

**Ada restoran masakan Cina dekat stasiun?**
アダ　レストラン　　マサカン　　チナ　　ドゥカッ　　スタスィウン

この近くにおいしい屋台はありますか？

**Di sekitar sini ada warung yang enak?**
ディ　スキタル　スィニ　アダ　ワルン（グ）　ヤン（グ）　エナッ

ドニさんは家にいますか？

**Apakah Bapak Doni ada di rumah?**
アパカ　　バパッ　　ドニ　アダ　ディ　ルマ

トイレの中にだれか（人が）いますか？

**Ada orang di (dalam) kamar kecil?**
アダ　オラン（グ）ディ　ダラム　　カマル　　クチル

> トイレが使用中かどうかを尋ねる表現です。

応用フレーズ

この（名詞）は〜（形容詞）すぎます。

名詞 + ini terlalu + 形容詞 .
　　　　イニ　　トゥルラル

もっと〜（形容詞）の（名詞）はありますか？

Ada ( 名詞 ) + yang lebih + 形容詞 ?
アダ　　　　　　　ヤン（グ）　ルビ

　程度が超えているものには、**terlalu**「〜すぎる」と伝えてから別のもの
の有無を尋ねましょう。「もっと〜の（名詞）」の名詞は省略できます。「名
詞 + **ini**」「この（名詞）」は **ini**「これ」に入れ替え可能です。

この帽子は大きすぎます。

**Topi ini terlalu besar.**
　トピ　イニ　トゥルラル　ブサル

> 程度を表す副詞は**P070**。

もっと小さい帽子はありますか？

**Ada topi yang lebih kecil?**
　アダ　トピ　ヤン（グ）　ルビ　クチル

これは値段が高すぎます。

**Ini terlalu mahal.**
　イニ　トゥルラル　マハル

もっと安いのはありますか？

**Ada yang lebih murah?**
　アダ　ヤン（グ）　ルビ　ムラ

この料理は塩辛すぎます。

**Masakan ini terlalu asin.**
　マサカン　イニ　トゥルラル　アスィン

# 02 行動を尋ねる 🔊 083

┤ 基本フレーズ ├

**あなたは〜しますか?**

**Anda** + 動詞 **?**
アンダ

**はい。** / **いいえ。**

**Ya.** / **Tidak.**
ヤ / ティダッ

名詞（物や人）の有無について尋ねる疑問文は **P154** で学びましたが、ここでは動詞について尋ねる疑問文を学びます。「あなた」は相手の性別や年齢で使い分けてください（→ **P051**）。動詞の質問文に対する返答は、肯定は **Ya.**「はい」、否定は **Tidak.**「いいえ」でしたね（→ **P063**）。

あなたはお酒を飲みますか?

**Bapak minum minuman keras?**
バパッ ミヌム ミヌマン クラス

あなたはよく映画を観ますか?

**Ibu suka menonton film?**
イブ スカ ムノントン フィルム

> 「よく〜する」は **P094**。

あなたは時々、ギターを弾きますか?

**Kadang-kadang Bapak bermain gitar?**
カダン(グ)カダン(グ) バパッ ブルマイン ギタル

> 頻度は **P225**。

あなたは毎日、散歩をしますか?

**Ibu berjalan-jalan setiap hari?**
イブ ブルジャランジャラン スティアッ(プ) ハリ

> 日付は **P228**。

私は〜しません。

# Saya tidak + 動詞 .

サヤ　　　ティダッ

動詞を否定するには、動詞の前に **tidak**「〜ない」を置きます。**belum**「まだ〜ない」との違いに注意しましょう（→P060）。

私は**お酒を飲み**ません。

## Saya tidak minum minuman keras.

サヤ　　ティダッ　　ミヌム　　　ミヌマン　　　クラス

私は**辛い物**（食べ物）を**食べ**ません。

## Saya tidak makan makanan pedas.

サヤ　　ティダッ　　マカン　　　マカナン　　　ブダス

私は**たばこを吸い**ません。

## Saya tidak merokok.

サヤ　　ティダッ　　ムロコッ

私は**テレビを見**ません。

## Saya tidak menonton televisi.

サヤ　　ティダッ　　ムノントン　　　テレフィスィ

私は**ゴルフをし**ません。

## Saya tidak bermain golf.

サヤ　　ティダッ　　ブルマイン　　　ゴルフ

私は**海で泳ぎ**ますが、**サーフィンはし**ません。

## Saya berenang di laut, tetapi tidak

サヤ　　ブルナン(グ)　　ディ　ラウッ　　トゥタピ　　ティダッ

## berselancar.

ブルスランチャル

Day1 Day2 Day3 Day4 Day5 **Day6** Day7 項目別単語

# 03 感想を聞く、感想を述べる

084

───┤ 基本フレーズ ├───

## ～は楽しかったですか?

## Apakah 主語（名詞） menyenangkan?
アパカ　　　　　　　　　　　　　　　ムニュナン(グ)カン

相手に感想を尋ねる表現で、**Saya senang.** ［サヤ　スナン（グ）］「私は楽しい」の主語は「人」ですが、ここでは主語に「物事、事柄」が入ります。

そのコンサートは楽しかったですか?

## Apakah konser itu menyenangkan?
アパカ　　　コンセル　イトゥ　　　ムニュナン(グ)カン

その観光ツアーは楽しかったですか?

## Apakah tur wisata itu menyenangkan?
アパカ　　トゥル　ウィサタ　イトゥ　　　ムニュナン(グ)カン

ジャカルタ訪問は楽しかったですか?

## Apakah kunjungan ke Jakarta menyenangkan?
アパカ　　　クンジュ(ン)ガン　　ク　　ジャカルタ　　　ムニュナン(グ)カン

A インドネシアでの休暇は楽しかったですか?

## Apakah liburan di Indonesia menyenangkan?
アパカ　　　リブラン　　ディ　インドネスィア　　　ムニュナン(グ)カン

**liburan** は **kehidupan** ［クヒドゥパン］「生活」に入れ替えると応用可能。

B はい、とても楽しかったです。

## Ya, sangat menyenangkan.
ヤ　　サ(ン)ガッ　　ムニュナン(グ)カン

## ～には満足しました。

主語（名詞） + **memuaskan.**

ムムアスカン

## ～にはがっかりしました。

主語（名詞） + **mengecewakan.**

ム（ン）グチェワカン

Day1
Day2
Day3
Day4
Day5
**Day6**
Day7
項目別単語

　**Saya puas.**［サヤ　プアス］「私は満足した」、**Dia kecewa.**［ディア　クチェワ］「彼はがっかりした」の主語は「人」ですが、**memuaskan**「満足させる」、**mengecewakan**「がっかりさせる」の主語は「物事、事柄」です。

そのホテルのサービスには満足しました。

## **Pelayanan hotel itu memuaskan.**

プラヤナン　　　　ホテル　イトゥ　　ムムアスカン

そのパックツアーには満足しました。

## **Paket wisata itu memuaskan.**

パケッ　　　ウィサタ　イトゥ　　ムムアスカン

> 「観光、旅行」という意味もあります。

その新製品には満足しました。

## **Produk baru itu memuaskan.**

プロドゥ　　バル　イトゥ　　ムムアスカン

その人の態度にはがっかりしました。

## **Tingkah laku orang itu mengecewakan.**

ティン（グ）カ　ラク　オラン（グ）イトゥ　　ム（ン）グチェワカン

その試合にはとてもがっかりしました。

## **Pertandingan itu sangat mengecewakan.**

プルタンディ（ン）ガン　イトゥ　サ（ン）ガッ　ム（ン）グチェワカン

159

# ⓪④ 行き先、経由を尋ねる

085

┤ 基本フレーズ ├

この（乗り物）は〜行きですか？

**Apakah** + 乗り物 + **ini tujuan /**
アパカ　　　　　　　　　　　イニ　　トゥジュアン

**jurusan / menuju ~?**
ジュルサン　　ムヌジュ

乗り物の行き先を尋ねる表現です。**tujuan ~, jurusan ~, menuju ~** は共に「〜行き」という意味ですが、**tujuan** は飛行機によく用いられます。

### この飛行機はデンパサール行きですか？

**Apakah pesawat terbang ini tujuan Denpasar?**
アパカ　　　プサワッ　　トゥルバン(グ) イニ トゥジュアン　　デンパサル

乗り物は P213 を参照。デンパサールは人気観光地バリ島の州都。

### その列車はコタ行きですか？

**Apakah kereta api itu jurusan Kota?**
アパカ　　　クレタ　　アピ　イトゥ　ジュルサン　　コタ

コタはジャカルタ北部にあるオランダ統治時代の歴史的建築物が残る旧市街で、コロニアル様式のカフェなどもあり異国情緒あふれる観光地です。

### このバスはバンドン行きですか？

**Apakah bus ini menuju ke Bandung?**
アパカ　　　ブス　イニ　ムヌジュ　ク　バンドゥン(グ)

### その船はマカッサル行きですか？

**Apakah kapal itu menuju ke Makassar?**
アパカ　　　カパル　イトゥ　ムヌジュ　ク　マカッサル

マカッサルは南スラウェシ州の州都で、水産業の盛んな物流拠点。

## この（乗り物）は〜経由ですか？

# Apakah + 乗り物 + ini lewat ~?
アパカ　　　　　　　　　　　　　　イニ　　レワッ

**A** 少々おうかがいします。

## Numpang tanya.
ヌンパン（グ）　　　タニャ

質問する前にていねいにお願いする表現で、**Permisi.**〔プルミスィ〕「すみません」もよく使います。

この夜行バスはスラバヤ行きですか？

## Apakah bus malam ini jurusan Surabaya?
アパカ　　　ブス　　　マラム　　イニ　　ジュルサン　　スラバヤ

**B** はい、そうです。

## Ya, betul.
ヤ　　ブトゥル

**A** このバスはスマラン経由ですか？

## Apakah bus ini lewat Semarang?
アパカ　　　ブス　　イニ　　レワッ　　スマラン（グ）

スマランは中部ジャワ州の州都で、名物は春巻き。

**B** いいえ。これはスマラン経由ではありません。

## Tidak. Ini tidak lewat Semarang.
ティダッ　　イニ　　ティダッ　　レワッ　　スマラン（グ）

これはジョグジャカルタ経由です。

## Ini lewat Yogyakarta.
イニ　　レワッ　　ジョグジャカルタ

# 05 物事、人について尋ねる

086

> 基本フレーズ

## あなたは〜を知っていますか?
# Apakah Anda tahu ~?
アパカ　　　　アンダ　　　タウ

　物事を知っているかどうか尋ねる表現で、人には使いません。人を知っているかどうかを尋ねるには、**P163**の表現を使いましょう。**tahu**「知る」は［タウ］と発音しますが、同じスペルの**tahu**「豆腐」は［タフ］と発音します。

あなたはこの店がどこにあるか知っていますか?

# Apakah Bapak tahu di mana
アパカ　　　　ババッ　　　タウ　　ディ　マナ

# toko ini?
トコ　イニ

> 「商店」のこと。飲食店は**restoran**［レストラン］「レストラン」、**kedai kopi**［クダイ　コピ］「コーヒー屋台」。

あなたは銀行が何時に開くか知っていますか?

# Apakah Bapak tahu pukul berapa bank buka?
アパカ　　　　ババッ　　　タウ　　プクル　　　ブラパ　　　バン(グ)　ブカ

あなたは彼がいつ日本に帰るか知っていますか?

# Apakah Ibu tahu kapan dia pulang ke Jepang?
アパカ　　　イブ　　タウ　　カパン　　ディア　プラン(グ)　ク　ジュパン(グ)

あなたは責任者がだれか知っていますか?

# Apakah Ibu tahu siapa penanggung jawabnya?
アパカ　　　イブ　　タウ　　スィアパ　　プナングン(グ)　　ジャワッ(ブ)ニャ

応用フレーズ

あなたは〜を知っていますか?
あなたは〜と面識がありますか?

**Apakah Anda kenal dengan 人 ?**
アパカ　　　アンダ　　クナル　　ドゥ(ン)ガン

ある人と知り合いかどうかを尋ねる表現です。日本語は物事でも人でも「知っている」を用いますが、インドネシア語は使い分けます。

A あなたはリニを知っていますか?

**Apakah Anda kenal dengan Rini?**
アパカ　　　アンダ　　クナル　　ドゥ(ン)ガン　リニ

リニはインドネシアで有名なアーティストです。

**Rini artis terkenal di Indonesia.**
リニ　アルティス　トゥルクナル　ディ　インドネスィア

B はい、彼女は私の親友です。

**Ya, dia sahabat saya.**
ヤ　ディア　サハバッ　サヤ

A 私はリニとはまだ面識がありません。

**Saya belum kenal dengan Rini.**
サヤ　　ブルム　　クナル　ドゥ(ン)ガン　リニ

私にリニを紹介してください。

**Tolong perkenalkan Rini kepada saya.**
トロン(グ)　プルクナルカン　リニ　クパダ　サヤ

B もちろんです。

**Tentu saja.**
トゥントゥ　サジャ

# 06 助言を乞う 🔊 087

┤ 基本フレーズ ├

～を(私に)教えてください。／いただけますか?

## Tolong / Mohon beri tahu + (名詞)
トロン(グ)　　　　モホン　　　ブリ　　タウ

## (kepada saya).
クパダ　　　サヤ

　相手に助言を乞う表現で、**beri tahu**「知らせる、伝える」は、ここでは知っていることを相手に伝える「教える」という意味です。**mohon**「～していただけますか?」は **tolong**「～してください」よりていねいです。

(値段の) 安い店を教えてください。

## Tolong beri tahu toko yang harganya murah.
トロン(グ)　　ブリ　　タウ　　　トコ　　ヤン(グ)　　ハルガニャ　　ムラ

眺め(景色)のよいレストランを教えてください。

## Tolong beri tahu restoran yang
トロン(グ)　　ブリ　　タウ　　レストラン　　ヤン(グ)

## pemandangannya cantik.
プマンダ(ン)ガンニャ　　チャンティッ

> 「美しい」という意味です。

スンダ名物の食べ物を教えていただけますか?

## Mohon beri tahu makanan khas Sunda.
モホン　　ブリ　　タウ　　マカナン　　　ハス　　スンダ

有名な観光地を教えていただけますか?

## Mohon beri tahu tempat wisata yang terkenal.
モホン　　ブリ　　タウ　　トゥンパッ　　ウィサタ　　ヤン(グ)　　トゥルクナル

## 応用フレーズ

基本フレーズの **saya**「私」をほかの人に入れ替えると応用でき、**kepada** は省略可。**tentang**［トゥンタン（グ）］「〜について」を伴うこともあります。

彼らに新しい住所を知らせてください。

# Tolong beri tahu (kepada) mereka tentang
トロン（グ）　ブリ　　タウ　　　クパダ　　　　　ムレカ　　　トゥンタン（グ）

# alamat baru.
アラマッ　　バル

**A** この近くでよいロスメン（安宿）を教えてください。

# Tolong beri tahu losmen yang baik
トロン（グ）　ブリ　　タウ　　ロスメン　ヤン（グ）　バイッ

# di dekat sini.
ディ　ドゥカッ　スィニ

**B** 了解です。安くて清潔なロスメン（安宿）があります。

# Baik. Ada losmen yang murah dan bersih.
バイッ　　アダ　　ロスメン　ヤン（グ）　　ムラ　　　ダン　　ブルスィ

安いけれど汚いロスメンもあるので、「安くてきれいな（清潔な）ロスメン」を探すとよいでしょう。

**A** 名前と住所を教えてください。

# Tolong beri tahu nama dan alamatnya.
トロン（グ）　ブリ　　タウ　　ナマ　　ダン　　アラマッニャ

**B** 了解。道に迷ったら、私に知らせてください。

# Oke. Kalau sesat di jalan, tolong beri tahu
オケ　　カロゥ　　スサッ　ディ　ジャラン　　トロン（グ）　ブリ　　タウ

# (kepada) saya.
クパダ　　サヤ

# 07 人、物、状況を尋ねる

088

基本フレーズ

## 〜はどうですか？／〜はどうでしたか？

## Bagaimana dengan + 名詞 ?
バガイマナ　　　　ドゥ(ン)ガン

人、物、状況などについて相手の考えを聞く表現です。時制はその場の状況で判断してください。

**A** これをもらってもいいですか？

## Boleh saya mengambil ini?
ボレ　　　サヤ　　　ム(ン)ガンビル　　イニ

**B** それは汚れています。これはどうですか？

## Itu kotor.　　　Bagaimana dengan ini?
イトゥ　コトル　　　　　　バガイマナ　　　　ドゥ(ン)ガン　　イニ

- - - - - - - - - - - - - - - - - - - - - - - - - - - - - - - -

**A** あなたを夕食に誘いたいのですが。

## Saya mau mengajak Bapak untuk
サヤ　　　マウ　　　ム(ン)ガジャッ　　　ババッ　　　ウントゥッ

## makan malam.
マカン　　　マラム

**B** 今日は忙しいです。明日の夜はどうですか？

## Hari ini sibuk.
ハリ　イニ　スィブッ

## Bagaimana dengan besok malam?
バガイマナ　　　　ドゥ(ン)ガン　　ベソッ　　　マラム

**A** 明日、リニのお誕生会があります。

# Besok ada pesta ulang tahun Rini.
ベソッ　　アダ　　ペスタ　　ウラン(グ)　　タフン　　リニ

私は参加するつもりです。あなたはどうですか?

# Saya akan ikut.
サヤ　　アカン　イクッ

# Bagaimana dengan Anda?
バガイマナ　　ドゥ(ン)ガン　　アンダ

**B** 参加しますが、彼女のプレゼントはどうしますか?

# Ikut, tapi bagaimana dengan
イクッ　　タピ　　バガイマナ　　ドゥ(ン)ガン

# hadiahnya?
ハディアニャ

**A** 私はかばんを買いました。

# Saya sudah membeli tas.
サヤ　　スダ　　ムンブリ　　タス

**B** 私は何を買えばいいかわかりません。

# Saya tidak tahu akan membeli apa.
サヤ　　ティダッ　タウ　アカン　　ムンブリ　　アパ

**A** 花柄の財布はどうですか?

# Bagaimana dengan dompet
バガイマナ　　ドゥ(ン)ガン　　ドンペッ

# bermotif bunga?
ブルモティフ　　ブ(ン)ガ

**B** 了解です、私は賛成です。

# Baik, saya setuju.
バイッ　　サヤ　　ストゥジュ

# 08 方法を尋ねる

089

> 基本フレーズ
>
> どのようにして〜しますか？
>
> # Bagaimana cara ~?
> バガイマナ　　　　チャラ

　方法、手段を尋ねるには疑問詞 bagaimana「どのような」と cara「方法」を組み合わせて Bagaimana cara ~?「どのような方法で〜？」と言います。

どのようにして食べますか？

## Bagaimana cara makannya?
バガイマナ　　　チャラ　　　マカンニャ

どのようにしてこの魚を料理しますか？

## Bagaimana cara memasak ikan ini?
バガイマナ　　　チャラ　　　ムマサッ　　　イカン　　イニ

調理法は goreng［ゴレン（グ）］「揚げる」、tumis［トゥミス］「炒める」、bakar［バカル］「焼く」、rebus［ルブス］「茹でる」、kukus［ククス］「蒸す」など。

どのようにしてそこへ行きますか？

## Bagaimana cara pergi ke sana?
バガイマナ　　　チャラ　　ブルギ　　ク　　サナ

日本語は situ「そこ」ですがインドネシア語は sana「あそこ」が自然です。

どのようにしてその品物を注文しますか？

## Bagaimana cara memesan barang itu?
バガイマナ　　　チャラ　　　ムムサン　　　　バラン（グ）　イトゥ

どのようにしてインターネットで本を買いますか？

## Bagaimana cara membeli buku lewat internet?
バガイマナ　　　チャラ　　　ムンブリ　　　ブク　　レワッ　　イントゥルネッ

**A** どのようにしてあなたはインドネシア語を勉強していますか?

# Bagaimana cara Anda belajar bahasa

バガイマナ　　　チャラ　アンダ　　ブラジャル　　　バハサ

# Indonesia?

インドネスィア

**B** 学校のインドネシア語講座に参加しています。

# Saya ikut kursus bahasa Indonesia

サヤ　　イクッ　　クルスス　　バハサ　　　インドネスィア

# di sekolah.

ディ　スコラ

**A** どのようにしてその講座を探しましたか?

# Bagaimana cara mencari kursus itu?

バガイマナ　　　チャラ　　ムンチャリ　　クルスス　イトゥ

**B** インターネットで探しました。

# Saya mencari melalui internet.

サヤ　　ムンチャリ　　ムラルイ　　イントゥルネッ

やり方はこのようにします。

# Caranya begini.

チャラニャ　　　ブギニ

**A** どのようにしてそれに登録しますか?

# Bagaimana cara mendaftarnya?

バガイマナ　　　チャラ　　ムンダフタルニャ

**B** ウェブサイト、もしくは直接電話で。

# Lewat situs atau

レワッ　スィトゥス　アタウ

# menelepon langsung.

ムネレポン　　ラン(グ)スン(グ)

> lewat もしくは melalui
> [ムラルイ] は「〜経由で」
> が直訳。

169

# 09 勧誘する 🔊 090

基本フレーズ

～するのはどうですか？／～したらどうですか？

# Bagaimana kalau (kita) + 動詞 ?
バガイマナ　　　　　　カラウ　　　キタ

相手を勧誘する表現です。kita「私たち」は省略できます。

カフェでおしゃべりをするのはどうですか？

## Bagaimana kalau kita berbicara di kafe?
バガイマナ　　　　　カラウ　　　キタ　　　ブルビチャラ　　　ディ　　カフェ

書店に立ち寄るのはどうですか？

## Bagaimana kalau kita mampir di toko buku?
バガイマナ　　　　　カラウ　　　キタ　　　マンピル　　ディ　　トコ　　ブク

海岸でのんびりするのはどうですか？

## Bagaimana kalau bersantai di pantai?
バガイマナ　　　　　カラウ　　　ブルサンタイ　　ディ　　パンタイ

ちょっと休憩するのはどうですか？

## Bagaimana kalau kita beristirahat sebentar?
バガイマナ　　　　　カラウ　　　キタ　　　ブルイスティラハッ　　　スブンタル

一緒に食事に行くのはどうですか？

## Bagaimana kalau pergi makan bersama?
バガイマナ　　　　　カラウ　　　プルギ　　マカン　　ブルサマ

ホテルのロビーで会う（待ち合わせる）のはどうですか？

## Bagaimana kalau bertemu di lobi hotel?
バガイマナ　　　　　カラウ　　　ブルトゥム　　ディ　　ロビ　　ホテル

## 〜したらどうしますか?

# Bagaimana kalau ~?
バガイマナ　　　　　カラウ

P170の同型文が「〜したらどうですか?」と勧誘を表すのに対し、この文は「〜したらどうしますか?」と結果を案じる時に使います。

彼が来なかったらどうしますか?

# Bagaimana kalau dia tidak datang?
バガイマナ　　　　　カラウ　　ディア　ティダッ　　ダタン(グ)

私たちは失敗したらどうしますか?

# Bagaimana kalau kita gagal?
バガイマナ　　　　　カラウ　　キタ　　ガガル

明日、雨が降ったらどうしますか?

# Bagaimana kalau besok hujan?
バガイマナ　　　　　カラウ　　ベソッ　　フジャン

コンサートのチケットが売り切れていたらどうしますか?

# Bagaimana kalau tiket konser habis?
バガイマナ　　　　　カラウ　　ティケッ　　コンセル　　ハビス

50万ルピアでどうですか?

# Bagaimana kalau Rp500.000?
バガイマナ　　　　　カラウ　　リマ　ラトゥス　リブ　ルピア

市場や小売店では、自分の希望価格を提示して値段交渉するのが普通です。コンビニエンスストアやスーパーマーケットでは harga pas [ハルガ パス]「定価」のため、値段交渉はできません。「50万」は setengah juta [ストゥ(ン)ガ　ジュタ]「百万の半分」とも言います。数字は P052。

# 10 意見を聞く
091

基本フレーズ

~についてあなたはどう思いますか?

**Bagaimana pendapat Anda**
バガイマナ　　　　　　　プンダパッ　　　　アンダ

**tentang +** 名詞 **?**
トゥンタン(グ)

相手の意見を聞く表現で、**tentang**「~について」の後は名詞です。

アニタさんについてあなたはどう思いますか?

**Bagaimana pendapat Bapak tentang Ibu Anita?**
バガイマナ　　　　プンダパッ　　　バパッ　トゥンタン(グ)　イブ　アニタ

この本についてあなたはどう思いますか?

**Bagaimana pendapat Ibu tentang buku ini?**
バガイマナ　　　　プンダパッ　イブ　トゥンタン(グ)　ブク　イニ

日本についてあなたはどう思いますか?

**Bagaimana pendapat Bapak tentang Jepang?**
バガイマナ　　　　プンダパッ　　バパッ　トゥンタン(グ)　ジュパン(グ)

私の提案についてあなたはどう思いますか?

**Bagaimana pendapat Ibu tentang usulan saya?**
バガイマナ　　　　プンダパッ　イブ　トゥンタン(グ)　ウスラン　サヤ

その件についてあなたはどう思いますか?

**Bagaimana pendapat Anda tentang hal itu?**
バガイマナ　　　　プンダパッ　アンダ　トゥンタン(グ)　ハル　イトゥ

**A** リニについてあなたはどう思いますか?

# Bagaimana pendapat Bapak tentang
バガイマナ　　　　　　ブンダパッ　　　　パパッ　　トゥンタン(グ)

# Rini?
リニ

**B** 彼女はとても親切でいい人です。

# Dia ramah dan baik sekali.
ディア　　ラマ　　ダン　バイッ　スカリ

> 形容詞（性格）は
> P232を参照。

インドネシア文化についてあなたはどう思いますか?

# Bagaimana pendapat Ibu tentang
バガイマナ　　　　　　ブンダパッ　　　イブ　トゥンタン(グ)

# budaya Indonesia?
ブダヤ　　　　インドネスィア

**A** ユニークで多様性に富んでいます。

# Unik dan bervariasi.
ウニッ　　ダン　ブルファリアスィ

私は手工芸品に魅力を感じます。

# Saya tertarik pada kerajinan tangan.
サヤ　　トゥルタリッ　　パダ　　　クラジナン　　タ(ン)ガン

**B** インドネシア人についてあなたはどう思いますか?

# Bagaimana pendapat Ibu tentang
バガイマナ　　　　　　ブンダパッ　　　イブ　トゥンタン(グ)

# orang Indonesia?
オラン(グ)　　インドネスィア

**A** 外国人にとてもやさしいです。

# Sangat ramah terhadap orang asing.
サンガッ　　　ラマ　　トゥルハダッ(プ)　オラン(グ)　アスィン(グ)

## 練習問題

**1** 次の文をインドネシア語にしてみましょう。
「あなた」は Anda を使ってください。

**❶** この近くにおいしいレストランはありますか?

**❷** あなたはよくゴルフをしますか?

**❸** メダンでの休暇は楽しかったですか?

**❹** この飛行機は羽田行きですか?

**❺** あなたはドニさんを知っていますか?

**❻** 有名なインドネシア料理を教えてください。

**❼** 今日は忙しいです。明日はどうですか?

**❽** どのようにしてこのホテルの部屋を予約しますか?

**❾** カフェに立ち寄るのはどうですか?

**❿** 彼についてあなたはどう思いますか?

**1** Di sekitar sini ada restoran yang enak? →P154
ディ　スキタル　スィニ　アダ　レストラン　ヤン(グ)　エナッ

**2** Anda suka bermain golf? →P156, P157
アンダ　スカ　ブルマイン　ゴルフ

**3** Apakah liburan di Medan menyenangkan? →P158
アパカ　リブラン　ディ　メダン　ムニュナン(グ)カン

**4** Apakah pesawat terbang ini tujuan Haneda? →P160
アパカ　プサワッ　トゥルバン(グ)　イニ　トゥジュアン　ハネダ

**5** Apakah Anda kenal dengan Bapak Doni? →P163
アパカ　アンダ　クナル　ドゥ(ン)ガン　ババッ　ドニ

**6** Tolong beri tahu masakan Indonesia yang terkenal?
トロン(グ)　ブリ　タウ　マサカン　インドネスィア　ヤン(グ)　トゥルクナル
→P164, P131

**7** Hari ini sibuk. Bagaimana dengan besok? →P166
ハリ　イニ　スィブッ　バガイマナ　ドゥ(ン)ガン　ベソッ

**8** Bagaimana cara memesan kamar hotel ini?
バガイマナ　チャラ　ムムサン　カマル　ホテル　イニ
→P168, P237, P131

**9** Bagaimana kalau kita mampir di kafe? →P170
バガイマナ　カラウ　キタ　マンビル　ディ　カフェ

**10** Bagaimana pendapat Anda tentang dia? →P172
バガイマナ　ブンダパッ　アンダ　トゥンタン(グ)　ディア

Day1　Day2　Day3　Day4　Day5　Day6　Day7　項目別単語

## 練習問題

**2** 次の会話文をインドネシア語にしてみましょう。

**①** A：10万ルピアでどうですか？

　　B：だめです。20万ルピアでどうですか？

**②** A：もっと大きい部屋はありますか？

　　B：すみません、ありません。

**③** A：あなたはよく日本料理を食べますか？

　　B：はい。私はよく食べます。

解答

**①** A：**Bagaimana kalau Rp100.000?**　→P171, P112
　　　　バガイマナ　　カラウ　スラトゥス　リブ　ルピア

　　B：**Tidak boleh. Bagaimana kalau Rp200.000?**
　　　　ティダッ　ボレ　　　バガイマナ　　カラウ　ドゥア　ラトゥス　リブ　ルピア

**②** A：**Ada kamar yang lebih besar?**　→P155, P211
　　　　アダ　カマル　ヤン（グ）　ルビ　ブサル

　　B：**Maaf, tidak ada.**　→P033, P154
　　　　マアフ　ティダッ　アダ

**③** A：**Anda suka makan masakan Jepang?**　→P094, P131
　　　　アンダ　スカ　マカン　　マサカン　ジュパン（グ）

　　B：**Ya. Saya sering makan.**　→P156, P225
　　　　ヤ　　サヤ　スリン（グ）　マカン

# Hari ke-7 (Day 7)

# 気持ちが伝わる
# 便利フレーズ

## 感謝、おわびなど自分の気持ちを伝える

インドネシア人と親しくなって簡単な会話ができるようになったら、お礼や感謝、おわび、願望、祝辞、称賛など、お世話になった相手に自分の率直な気持ちを伝えてみましょう。また、病気や紛失、故障など困ったことがあれば、助けを求めるとよいでしょう。きっと親身になって相談にのってくれるはずです。

# 01 お礼、感謝 🔊 092

基本フレーズ

〜していただき、ありがとうございます。
**Terima kasih karena ( 主語 ) +**
トゥリマ　　　カスィ　　　カルナ
**sudah + 動詞 .**
スダ

相手にしてもらった行為に対するお礼の表現で、併せて P032, P196 もご参照ください。**karena** 以降は理由を述べる文です。

私を手伝っていただき、ありがとうございます。
**Terima kasih karena sudah membantu saya.**
トゥリマ　カスィ　カルナ　スダ　ムンバントゥ　サヤ

(あなたは)私に食事をおごっていただき、ありがとうございます。
**Terima kasih karena (Ibu) sudah mentraktir**
トゥリマ　カスィ　カルナ　イブ　スダ　ムントラクティル
**saya.**
サヤ

お時間を割いていただき、ありがとうございます。
**Terima kasih karena sudah meluangkan waktu.**
トゥリマ　カスィ　カルナ　スダ　ムルアン(グ)カン　ワクトゥ

私を心配していただき、ありがとうございます。
**Terima kasih karena mengkhawatirkan saya.**
トゥリマ　カスィ　カルナ　ム(ン)ハワイティルカン　サヤ

理由は **membantu**［ムンバントゥ］「手伝う」、**mendukung**［ムンドゥクン（グ）］「支援する」、**menyemangati**［ムニュマ（ン）ガティ］「励ます」も可。

A 空港まで私を見送っていただき、
ありがとうございました。

# Terima kasih karena sudah

トゥリマ　　　カスィ　　　　カルナ　　　スダ

# mengantar saya ke bandara.

ム(ン)ガンタル　　　　サヤ　　ク　　　バンダラ

B こちらこそ。

# Sama-sama.

サマ　　　　サマ

お礼の返答は P032 も
参照してください。

A あちこちへ私と同行していただき、
ありがとうございました。

# Terima kasih karena sudah

トゥリマ　　　カスィ　　　　カルナ　　　スダ

# menemani saya ke sana sini.

ムヌマニ　　　　　サヤ　　ク　　　サナ　　スィニ

**sana sini**「あちこち」は、**Candi Borobudur**［チャンディ　ボロ
ブドゥル］「ボロブドゥール寺院遺跡群」などに入れ替え可。

B こちらこそありがとうございました。

# Terima kasih kembali.

トゥリマ　　　カスィ　　　　クンバリ

A 店では通訳していただき、ありがとうございました。

# Terima kasih karena sudah

トゥリマ　　　カスィ　　　　カルナ　　　スダ

# menerjemahkan di toko.

ムヌルジュマカン　　　　ディ　トコ

B ああ、大丈夫です。

# Oh, tidak apa-apa.

オ　　ティダッ　　アパアパ

# 02 おわび 🔊 093

> 基本フレーズ

~してごめんなさい。／申し訳ありません。

# Minta / Mohon maaf karena ~.
ミンタ　　　　モホン　　　マアフ　　　カルナ

おわびの表現は**P033**もご参照ください。**mohon**は**minta**よりていねいです。**karena**の後は理由を述べる文で、**saya**「私」などの主語は省略可。

### 私が勘違いしてごめんなさい。

# Minta maaf karena saya salah paham
ミンタ　　マアフ　　カルナ　　サヤ　　サラ　　パハム

# / salah sangka.
サラ　　サン(グ)カ

### あなたを驚かせてごめんなさい。

# Minta maaf karena mengagetkan Anda.
ミンタ　　マアフ　　カルナ　　ム(ン)ガゲッカン　　アンダ

**mengagetkan**は、**mengecewakan**［ム（ン）グチェワカン］「がっかりさせる」、**mengkhawatirkan**［ムンハワティルカン］「心配をかける」に入れ替え可。

### あなたのじゃまをして申し訳ありません。

# Mohon maaf karena mengganggu Ibu.
モホン　　マアフ　　カルナ　　ムンガング　　イブ

話し中や仕事中の相手の行動を妨げる時に用います。

### あなたにご面倒をおかけして申し訳ありません。

# Mohon maaf karena merepotkan Bapak.
モホン　　マアフ　　カルナ　　ムレポッカン　　パパッ

相手に面倒をかけたり、手を煩わせた時に用います。

**A** 遅刻して申し訳ありません。

# Mohon maaf karena terlambat.
モホン　　　マアフ　　　カルナ　　　トゥルランバッ

ものすごい渋滞でした。

# Macetnya luar biasa.
マチュッニャ　　　ルアル　　ビアサ

biasa は「普通の、一般の」ですが、luar biasa は「異常な、並外れた、ものすごい」という意味です。

**B** （あなたに）いらしていただきありがとうございます。

# Terima kasih atas kedatangan Bapak.
トゥリマ　　　カスィ　　　アタス　　　クダタ(ン)ガン　　　ババッ

**A** （あなたを）お待たせしてすみません。

# Minta maaf karena membuat Ibu
ミンタ　　　マアフ　　　カルナ　　　ムンブアッ　　イブ

# menunggu.
ムヌング

インドネシアでは、30分程度の遅刻は謝らないことが多いようです。

**B** お忙しい時にあなたにご出席をお願いして申し訳ありません。

# Saya mohon maaf karena meminta
サヤ　　　モホン　　　マアフ　　　カルナ　　　ムミンタ

# kehadiran Bapak saat sibuk.
クハディラン　　　ババッ　　サアッ　スィブッ

kehadiran は kedatangan ［クダタ (ン) ガン］「来訪」でも可。

**A** 私はこのイベントに参加できてうれしいです。

# Saya senang bisa ikut acara ini.
サヤ　　スナン(グ)　　ビサ　　イクッ　アチャラ　イニ

# 03 願望 🔊 094

基本フレーズ

〜でありますように。

## Semoga ~.
スモガ

## Mudah-mudahan ~.
ムダムダハン

願望の表現で、相手の状況に対する自分の気持ちを伝えましょう。

長寿でありますように。

## Semoga panjang umur.
スモガ　パンジャン(グ)　ウムル

日本では「これからも長生きしてください」と高齢者に使う表現ですが、インドネシアでは子供や若者にも使います。

あなたがいつもお元気で活躍されますように。

## Semoga Bapak sehat selalu dan sukses.
スモガ　バパッ　セハッ　スラル　ダン　スクセス

sukses「活躍する」は意訳で、「成功する」が直訳です。

早く(病気・ケガが) 治りますように。

## Mudah-mudahan cepat sembuh.
ムダムダハン　チュパッ　スンブ

あなたが試験に合格しますように。

## Mudah-mudahan Anda lulus ujian.
ムダムダハン　アンダ　ルルス　ウジアン

Day1
Day2
Day3
Day4
Day5
Day6
**Day7**
項目別単語

**ミニ会話**

**A** 私の同僚は病気になり、入院しました。

**Kolega saya jatuh sakit dan**
コレガ　　サヤ　　ジャトゥ　　サキッ　　ダン

**masuk rumah sakit.**
マスッ　　ルマ　　サキッ

**B** かわいそうに。早く治りますように。

**Kasihan. Semoga cepat sembuh.**
カスィハン　　　　スモガ　　チュパッ　　スンブ

Kasihan.「かわいそう」は同情の表現です。

**A** ところで、明日、(ひまな)時間はありますか?

**Omong-omong, besok ada**
オモン(グ)オモン(グ)　　　ベソッ　　アダ

**waktu luang?**
ワクトゥ　　ルアン(グ)

omong-omong「ところで」は話題を変える時に使います。

公園へピクニックに行くのはどうですか?

**Bagaimana kalau piknik ke taman?**
バガイマナ　　　カラウ　　ピクニッ　　ク　　タマン

**B** いいアイディアです。 私は一緒に行きたいです。

**Ide yang bagus. Saya mau ikut.**
イデ　ヤン(グ)　バグス　　サヤ　　マウ　イクッ

**A** 明日、晴れますように。

**Mudah-mudahan besok cerah.**
ムダムダハン　　　　ベソッ　　チュラ

**B** 雨が降りませんように。

**Semoga tidak turun hujan.**
スモガ　　ティダッ　　トゥルン　　フジャン

183

# 04 祝辞 🔊 095

┤ 基本フレーズ ├

〜おめでとうございます。

# Selamat 〜.
スラマッ

Selamat 〜. はお祝いのあいさつです。Selamat!「おめでとう！」と単独で使うこともあります。

### 断食明け大祭おめでとうございます。

# Selamat Hari Raya Idulfitri.
スラマッ　　　ハリ　　ラヤ　　イドゥルフィトゥリ

tahun baru［タフン　バル］「新年」などの祝日（→P227）に入れ替え可。

### ご結婚おめでとうございます。

# Selamat menempuh hidup baru.
スラマッ　　　　　ムヌンプ　　ヒドゥッ（ブ）　バル

---

ミニ会話

**A** お誕生日おめでとう。長寿でありますように。

# Selamat ulang tahun.
スラマッ　　ウラン（グ）　タフン

# Semoga panjang umur.
スモガ　　パンジャン（グ）　ウムル

**B** ありがとう。私は21歳になりました。

# Terima kasih. Saya sudah berumur
トゥリマ　カスィ　　サヤ　スダ　　ブルウムル

# 21 tahun.
ドゥア　プル　サトゥ　タフン

---

大学入学試験合格おめでとうございます。

# Selamat lulus ujian masuk universitas.
スラマッ　　　ルルス　　ウジアン　　マスッ　　　ウニフルスィタス

大学ご卒業おめでとうございます。

# Selamat wisuda dari universitas.
スラマッ　　　ウィスダ　　ダリ　　ウニフルスィタス

女の子のご誕生おめでとうございます。

# Selamat atas kelahiran putrinya.
スラマッ　　アタス　　クラヒラン　　プトゥリニャ

putri「プリンセス」は、「お嬢さん」の意味としても使います。「おぼっちゃん」は putra［プトゥラ］。

（あなたの）ご昇進おめでとうございます。

# Selamat atas kenaikan jabatan Bapak.
スラマッ　　アタス　　クナイカン　　ジャバタン　　ババッ

kenaikan jabatan「昇進」は pembukaan toko［プンブカアン　トコ］「開店」、berdirinya perusahaan［ブルディリニャ　プルサハアン］「開業」に入れ替え可。

---

**ミニ会話**

**A** 入社試験合格おめでとうございます。

# Selamat lulus ujian masuk
スラマッ　　　ルルス　　ウジアン　　マスッ

# perusahaan.
プルサハアン

**B** ありがとう。　　　　私は運がよかったです。

# Terima kasih. Saya beruntung.
トゥリマ　　カスィ　　　サヤ　　　ブルントゥン（グ）

**A** あなたはその会社に入るのにふさわしいです。

# Anda pantas masuk perusahaan itu.
アンダ　　パンタス　　マスッ　　プルサハアン　　イトゥ

# ⓪5 病気、ケガ 🔊 096

┨ 基本フレーズ ┠

私は（体調が）〜です。

## Saya 〜.
サヤ

「病気、ケガ」の単語（→P221）を入れて、自分の体調不良や健康状態を相手に伝え、助けを求めましょう。

私は**体調がよくありません**。 私は**お腹**が**痛い**です。

## Saya tidak enak badan. Saya sakit perut.
サヤ　ティダッ　エナッ　バダン　　サヤ　サキッ　プルッ

tidak enak badan「体調がよくない」は決まり文句です。sakit perut「腹痛」は、sakit kepala［サキッ　クパラ］「頭痛」、sakit lambung / sakit mag［サキッ　ランブン（グ）／サキッ　マッ］「胃痛」に入れ替え可。

私は**頭**が**痛い**です。 私は**足**に**ケガをしました**。

## Kepala saya sakit. Kaki saya terluka / cedera.
クパラ　サヤ　サキッ　　カキ　サヤ　トゥルルカ　チュドゥラ

直訳は「私の頭は痛みます」「私の足はケガしています」です。身体の部位（→P220）を入れて痛いところやケガをしたところを伝えましょう。

私は**少し疲れて**、**眠い**です。

## Saya agak capai dan mengantuk.
サヤ　アガッ　チャパイ　ダン　ム（ン）ガントゥッ

> 程度を表す副詞はP070。

capaiは口語では［チャパイ］ではなく、［チャペ］と発音します。

私は**とてもお腹がすいて**、**のどが渇いています**。

## Saya lapar dan haus sekali.
サヤ　ラパル　ダン　ハウス　スカリ

**A** 私は咳が出て、熱があります。

## Saya batuk dan demam.
サヤ　　バトゥッ　ダン　　ドゥマム

**B** あなたは吐き気がしたり、下痢をしていますか?

## Apakah Bapak mual atau diare?
アパカ　　バパッ　ムアル　アタウ　ディアレ

**A** 私は何回か吐きましたが下痢はしていません。

## Saya muntah beberapa kali, tetapi
サヤ　　ムンタ　　ブブラパ　　カリ　トゥタピ

## tidak diare.
ティダッ　ディアレ

**B** たぶん風邪です。

## Mungkin masuk angin.
ムン(グ)キン　マスッ　ア(ン)ギン

masuk angin の直訳は「風邪をひく」という動詞です。

この薬を飲んで、よく休んでください。

## Minum obat ini dan istirahat yang
ミヌム　オバッ　イニ　ダン　イスティラハッ　ヤン(グ)

## banyak.
バニャッ

minum obat「薬を飲む」は、makan obat「薬を食べる（直訳）」とも言います。よく休むの「よく」は baik ではなく、banyak「たくさんの」を使います。

早く治って、また元気になりますように。

## Semoga cepat sembuh dan sehat
スモガ　チュパッ　スンブ　ダン　セハッ

## kembali.
クンバリ

# 06 紛失、盗難、事故
097

基本フレーズ

私は～をなくしました。／紛失しました。

## ～ saya hilang.
サヤ　　ヒラン（グ）

hilang「紛失する」のほかに、dicuri「盗まれる」、dicopet「すられる」、ketinggalan「置き忘れる」などの表現も覚えましょう。

私はメガネを紛失しました。

## Kacamata saya hilang.
カチャマタ　　　サヤ　　ヒラン（グ）

直訳は「私のメガネは紛失しました」で、以下の例文も同様です。

私はスーツケースを盗まれました。

## Koper saya dicuri.
コプル　　サヤ　　ディチュリ

「手荷物」はbagasi［バガスィ］、「かばん」はtas［タス］。

私は財布をすられました。

## Dompet saya dicopet.
ドンペッ　　　サヤ　　ディチョペッ

私は上着をタクシーの中に置き忘れました。

## Jas saya ketinggalan di dalam taksi.
ジャス　サヤ　　クティンガラン　　ディ　　ダラム　　タクスィ

私は交通事故に遭いました。

## Saya kena kecelakaan lalu lintas.
サヤ　　クナ　　クチュラカアン　　ラル　　リンタス

「交通事故」は、kebakaran［クバカラン］「火事」、banjir［バンジル］「洪水」、pelecehan seksual［プレチェハン　セクスアル］「セクハラ」に入れ替え可。

**A** 私は強盗に遭って、脅されました。

## Saya dirampok dan diancam.
サヤ　　　ディランポッ　　ダン　　ディアンチャム

**B** あなたにケガはありませんか?

## Apakah Ibu tidak terluka / cedera?
アパカ　　　イブ　　ティダッ　　トゥルルカ　　チュドゥラ

**A** 私は大丈夫ですが、パソコンを盗られました。

## Saya tidak apa-apa, tetapi
サヤ　　ティダッ　　アパアパ　　　トゥタピ

## komputernya diambil.
コンプトゥルニャ　　　ディアンビル

> diambil「取られる」には、「盗まれる」という意味もあります。

**B** それはとても大変な状況ですね。

## Situasinya sangat serius.
スィトゥアスィニャ　　サ(ン)ガッ　　スリウス

serius の直訳は「深刻な、重大な」。

でも、あなたにケガがなくてよかったです。

## Tetapi, untung Ibu tidak
トゥタピ　　ウントゥン(グ)　イブ　ティダッ

## terluka / cedera.
トゥルルカ　　チュドゥラ

untung の直訳は「幸運な、運のよい」。

**A** 私はどうしたらよいかわかりません。

## Saya bingung harus apa.
サヤ　　ビ(ン)グン(グ)　ハルス　　アパ

bingung harus apa の直訳は「何をすべきか困惑しています」。

# 07 故障、不本意

098

> 基本フレーズ
>
> 〜が故障しました。
>
> 名詞 -nya rusak.
> ニャ　　　ルサッ

　故障などのトラブルの際には修理を依頼しましょう。その場の状況で、すでに明白なもの（名詞）を特定する場合は、名詞の後に接尾辞 -nya をつけます。**dia**［ディア］「彼／彼女」の所有格の接尾辞 -nya（→P056）と形は同じですが、意味や用法は異なります。

### エアコンが故障しています。 修理してください。

## AC-nya rusak.
アーセーニャ　ルサッ

## Tolong diperbaiki.
トロン（グ）　ディプルバイキ

**diperbaiki**［ディプルバイキ］は **perbaiki**［プルバイキ］よりていねいです。

### 電灯がつきません。

## Lampunya tidak menyala.
ランプニャ　ティダッ　ムニャラ

**menyala**「点ける」は、**TV**［ティーフィー］「テレビ」、**komputer**［コンプトゥル］「パソコン」など点灯する機械作動時に使い、**hidup**［ヒドゥッ（プ）］「つける」は、**AC**［アーセー］「エアコン」など機械全般に使います。

### お湯が出ません。

## Air panasnya tidak keluar.
アイル　　パナスニャ　　　ティダッ　　クルアル

### トイレが詰まっています。

## Toiletnya tersumbat.
トイレッニャ　　　トゥルスンバッ

> 洗面台は wastafel［ワスタフェル］。

**応用フレーズ**

私はやむをえず〜します。
私は〜せざるをえません。

**Saya terpaksa +（動詞）.**
サヤ　　　トゥルパクサ

自分の意思に反して仕方なく行う時に使う表現です。

病気のため、私はやむをえず欠席します。

**Saya terpaksa absen karena sakit.**
サヤ　　トゥルパクサ　アブセン　カルナ　サキッ

ミニ会話

A 車のタイヤがパンクしました。

**Ban mobilnya pecah.**
バン　モビルニャ　プチャ

B 目的地はまだ遠いですか?

**Tempat tujuannya masih jauh?**
トゥンパッ　トゥジュアンニャ　マスィ　ジャウ

A はい。私たちは1時間歩かざるをえません。

**Ya. Kita terpaksa berjalan kaki**
ヤ　キタ　トゥルパクサ　ブルジャラン　カキ

**selama satu jam.**
スラマ　サトゥ　ジャム

B 大丈夫です。ついでに運動します。

**Tidak apa-apa. Sekalian berolahraga.**
ティダッ　アパ　アパ　スカリアン　ブルオララガ

sekalian「同時に、ついでに」は、あることをする機会を利用して、一緒にほかのことを行う時に用います。

Day1 Day2 Day3 Day4 Day5 Day6 **Day7** 項目別単語

191

# 08 快諾、強い願望

> 基本フレーズ
>
> 喜んで私は〜します。
>
> # Dengan senang hati saya + 動詞 .
> ドゥ(ン)ガン　　スナン(グ)　ハティ　サヤ

dengan senang hati「喜んで」は、相手の申し出を快諾する時の表現です。

喜んで私は協力します。

# Dengan senang hati saya bekerja sama.
ドゥ(ン)ガン　スナン(グ)　ハティ　サヤ　ブクルジャ　サマ

喜んで私は出席します。

# Dengan senang hati saya hadir.
ドゥ(ン)ガン　スナン(グ)　ハティ　サヤ　ハディル

> 「残念ながら私は欠席します」は Sayang, saya absen.［サヤン(グ)　サヤ　アブセン］。

喜んで私はあなたと一緒に行きます。

# Dengan senang hati saya ikut Ibu.
ドゥ(ン)ガン　スナン(グ)　ハティ　サヤ　イクッ　イブ

喜んで私はあなたをお手伝いします。

# Dengan senang hati saya membantu Bapak.
ドゥ(ン)ガン　スナン(グ)　ハティ　サヤ　ムンバントゥ　バパッ

喜んで私はあなたを案内します。

# Dengan senang hati saya mengantar Bapak.
ドゥ(ン)ガン　スナン(グ)　ハティ　サヤ　ム(ン)ガンタル　バパッ

喜んで私はあなたの申し出を受け入れます。

# Dengan senang hati saya menerima tawaran Ibu.
ドゥ(ン)ガン　スナン(グ)　ハティ　サヤ　ムヌリマ　タワラン　イブ

私は〜したくてたまりません。

# Saya ingin sekali + 動詞 .

サヤ　　イ(ン)ギン　　スカリ

ingin は mau［マウ］「〜したい」（→P097）より強い願望を表します。

私は昔の友だちに会いたくてたまりません。

# Saya ingin sekali bertemu dengan teman lama.

サヤ　　イ(ン)ギン　　スカリ　　ブルトゥム　　ドゥ(ン)ガン　　トゥマン　　ラマ

---

**ミニ会話**

**A** 1日中外出したので、私はとても疲れました。

## Saya capai sekali karena keluar

サヤ　　チャバイ　　スカリ　　カルナ　　クルアル

## seharian / sepanjang hari.

スハリアン　　　スパンジャン(グ)　　ハリ

私はどうしてもすぐに休憩したいです。

## Saya ingin sekali segera beristirahat.

サヤ　イ(ン)ギン　スカリ　スグラ　　ブルイスティラハッ

**B** 私は冷たいビールを飲みたくてたまりません。

## Saya ingin sekali minum bir yang

サヤ　イ(ン)ギン　スカリ　ミヌム　ビル　ヤン(グ)

## dingin.

ディ(ン)ギン

**A** ビールを飲みながら休憩しましょう。

## Mari beristirahat sambil minum bir.

マリ　　ブルイスティラハッ　　サンビル　　ミヌム　ビル

sambil「〜しながら」は2つの動作の同時進行を表します。

# ⓪9 物事、才能をほめる

╭─ 基本フレーズ ─╮

とてもすてきな〜ですね。
とてもすばらしい〜ですね。

名詞 **-nya bagus sekali.**
　　　　ニャ　　　バグス　　　スカリ

　その場の状況で、すでに明白なもの（名詞）を特定する場合は、名詞の後に接尾辞 **-nya** をつけます。

とてもすてきな話ですね。

## Ceritanya bagus sekali.
チュリタニャ　　　バグス　　スカリ

とてもすばらしい英語ですね。

## Bahasa Inggrisnya bagus sekali.
バハサ　　　イングリスニャ　　　バグス　　スカリ

とてもすてきなバティックのシャツですね。

## Kemeja batiknya bagus sekali.
クメジャ　　バティッニャ　　バグス　　スカリ

バティックはジャワ更紗の名で知られるろうけつ染めの布で、2009年に世界無形文化遺産に登録されました。バティックの民族衣装は正装として公式の場でも着られています。

とてもすばらしい家と庭ですね。

## Rumah dan halamannya bagus sekali.
ルマ　　ダン　　ハラマンニャ　　バグス　　スカリ

応用フレーズ

あなたは～がとても上手ですね。

**Anda sangat pandai +** 動詞 **.**

アンダ　　サ(ン)ガッ　　　パンダイ

相手の才能をほめる時に使う表現です。例文の日本語は名詞に訳されていますが、インドネシア語は pandai の後に動詞を入れてください。

あなたは歌と踊りがとても上手ですね。

**Bapak sangat pandai menyanyi dan menari.**

バパッ　　サ(ン)ガッ　　パンダイ　　　ムニャニ　　　ダン　　ムナリ

---

ミニ会話

**A** この料理はとてもおいしいです。

**Masakan ini enak sekali.**

マサカン　　イニ　　エナッ　　スカリ

**B** 私がそれを料理しました。

**Saya yang memasaknya.**

サヤ　　ヤン(グ)　　ムマサッニャ

「私が」と強調する場合は、主語の後に yang を置きます。

**A** すごい、あなたは料理が上手ですね。

**Hebat, Ibu pandai memasak.**

ヘバッ　　イブ　　パンダイ　　ムマサッ

私はあなたから学びたいです。

**Saya mau belajar dari Ibu.**

サヤ　　マウ　　ブラジャル　　ダリ　　イブ

**B** いいですよ、喜んで。

**Boleh, dengan senang hati.**

ボレ　　ドゥ(ン)ガン　　スナン(グ)　　ハティ

「構いません」が直訳。

195

# 10 感謝、理由を伝える

101

基本フレーズ

〜のおかげです。 / 〜のせいです。

**Berkat ~.** / **Gara-gara ~.**
ブルカッ ガラガラ

berkat「〜のおかげで」が相手の助力や親切への感謝を表すのに対し、gara-gara「〜のせいで」は好ましくない結果の原因を述べます。

先生の指導のおかげで、私の子供は英語が上手です。

**Berkat bimbingan Bapak guru, anak saya**
ブルカッ ビンビ(ン)ガン ババッ グル アナッ サヤ

**pandai berbahasa Inggris.**
パンダイ ブルバハサ イングリス

**Bapak guru**は「男性の先生」で「女性の先生」は**Ibu guru**［イブ グル］。「イワン先生」は**Bapak Iwan**で、**Guru Iwan**とは言いません。

あなたの協力のおかげで、問題は解決しました。

**Berkat kerja sama Ibu, masalahnya beres.**
ブルカッ クルジャ サマ イブ マサラニャ ベレス

食べすぎたせいで、私はお腹が痛くなりました。

**Gara-gara terlalu banyak makan, saya**
ガラガラ トゥルラル バニャッ マカン サヤ

**sakit perut.**
サキッ プルッ

(道が)渋滞していたせいで、私は遅れました。

**Gara-gara ( jalan) macet, saya terlambat.**
ガラガラ ジャラン マチュッ サヤ トゥルランバッ

196

ミニ会話

**A** 悪天候のせいで、飛行機が5時間遅れました。

# Gara-gara cuaca buruk, pesawat
ガラガラ　　　　チュアチャ　　ブルッ　　　　プサワッ

# terbangnya tertunda lima jam.
トゥルバン(グ)ニャ　　　トゥルトゥンダ　　　リマ　　ジャム

cuaca buruk「悪天候」はkerusakan mesin［クルサカン　ム
スィン］「エンジンの故障」に入れ替え可。

しかし、あなたのご助力のおかげで、
私は無事に日本に戻ることができました。

# Namun, berkat bantuan Ibu, saya
ナムン　　　ブルカッ　　　バントゥアン　　イブ　　　サヤ

# dapat kembali ke Jepang
ダパッ　　　クンバリ　　ク　ジュパン(グ)

# dengan selamat.
ドゥ(ン)ガン　　スラマッ

**B** あなたのご家族によろしくお伝えください。

# Sampaikan salam saya kepada
サンパイカン　　サラム　　サヤ　　クパダ

# keluarga Bapak.
クルアルガ　　　バパッ

Sampaikan salam saya kepada + 人.「〜によろしくお伝
えください」は決まり文句です。

**A** ありがとう。あなたのご配慮のおかげで、
旅行はとても楽しかったです。

# Terima kasih. Berkat perhatian Ibu,
トゥリマ　　カスィ　　　ブルカッ　　プルハティアン　　イブ

# wisatanya sangat menyenangkan.
ウィサタニャ　　サ(ン)ガッ　　ムニュナン(グ)カン

197

## 練習問題

**1** 次の文をインドネシア語にしてみましょう。
「あなた」は Anda を使ってください。

**❶** 食事をおごっていただきありがとうございます。

**❷** お待たせしてごめんなさい。

**❸** あなたがいつもお元気で活躍されますように。

**❹** 断食明け大祭おめでとうございます。

**❺** 私はお腹が痛くて、下痢をしています。

**❻** 私は上着をレストランに置き忘れました。

**❼** テレビが故障しています。修理してください。

**❽** 私は喜んであなたをお手伝いします。

**❾** とてもすてきなバティックの服ですね。

**❿** あなたのご助力のおかげで、問題は解決しました。

解答

**❶ Terima kasih karena sudah mentraktir saya.** →P178
トゥリマ　カスィ　カルナ　スダ　ムントラクティル　サヤ

**❷ Minta maaf karena membuat Anda menunggu.**
ミンタ　マアフ　カルナ　ムンブアッ　アンダ　ムヌング
→P181

**❸ Semoga Anda sehat selalu dan sukses.** →P182
スモガ　アンダ　セハッ　スラル　ダン　スクセス

**❹ Selamat Hari Raya Idulfitri.** →P184
スラマッ　ハリ　ラヤ　イドゥルフィトゥリ

**❺ Saya sakit perut dan diare.** →P186, P187
サヤ　サキッ　ブルッ　ダン　ディアレ

**❻ Jas saya ketinggalan di restoran.** →P188
ジャス　サヤ　クティンガラン　ディ　レストラン

**❼ TV-nya rusak. Tolong diperbaiki.** →P190, P211
ティーフィーニャ　ルサッ　トロン(グ)　ディプルバイキ

**❽ Dengan senang hati saya membantu Anda.** →P192
ドゥ(ン)ガン　スナン(グ)　ハティ　サヤ　ムンバントウ　アンダ

**❾ Baju batiknya bagus sekali.** →P194, P224
バジュ　バティッニャ　バグス　スカリ

**❿ Berkat bantuan Anda, masalahnya beres.** →P196, P197
ブルカッ　バントゥアン　アンダ　マサラニャ　ベレス

## 練習問題

**2** 次の会話文をインドネシア語にしてみましょう。

**①** A：あなたは日本語がとても上手ですね。

B：ありがとう。毎日、私は勉強しています。

**②** A：私は交通事故に遭いました。

B：あなたにケガはありませんか？

**③** A：私は体調がよくありません。風邪を引きました。

B：早く治りますように。

解答

**①** A：Anda sangat pandai berbahasa Jepang. →P195, P196
アンダ　サ(ン)ガッ　パンダイ　ブルバハサ　ジュパン(グ)

B：Terima kasih. Saya belajar setiap hari. →P239, P228
トゥリマ　カスィ　サヤ　ブラジャル　スティアッ(プ)　ハリ

**②** A：Saya kena kecelakaan lalu lintas. →P188
サヤ　クナ　クチュラカアン　ラル　リンタス

B：Apakah Anda tidak terluka / cedera? →P189
アパカ　アンダ　ティダッ　トゥルルカ　チュドゥラ

**③** A：Saya tidak enak badan. Saya masuk angin.
サヤ　ティダッ　エナッ　バダン　サヤ　マスッ　ア(ン)ギン

B：Mudah-mudahan cepat sembuh. →P186, P187, P182
ムダムダハン　チュパッ　スンブ

# Kolom Mini
( Mini Column )

## インドネシア語と日本語の微妙な違い

インドネシア語には **uang saku**［ウワン（グ）　サク］「ポケットマネー」、**besar mulut**［ブサル　ムルッ］「大口をたたく」など日本語と同じ表現もありますが、ここでは日本語と微妙に違う表現を紹介します。

### telur mata sapi
トゥルル　　　　マタ　　　　サピ

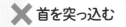 目玉焼き →  牛の目焼き

**telur dadar**［トゥルル　ダダル］「オムレツ」、**telur rebus**［トゥルル　ルブス］「ゆで卵」と並ぶ代表的な卵料理の1つ「目玉焼き」ですが、**biji mata**［ビジ　マタ］「目玉」はインドネシアでは **mata sapi**「牛の目」になります。ちなみに、インドネシアで **nasi goreng spesial**［ナスィ　ゴレン（グ）スペスィアル］「スペシャルチャーハン」を注文すると「スペシャル」の目玉焼きをトッピングしてくれます。

### campur tangan
チャンプル　　　　タ（ン）ガン

✕ 首を突っ込む → ◯ 手を突っ込む、手を染める

**campur** は沖縄料理「ゴーヤチャンプル」の「チャンプル」と語源が同じで、「混ぜる、干渉する」という意味があります。**campur tangan** は日本語の「首を突っ込む」に当たる表現ですが、インドネシア語には「（悪事に）手を染める」という意味もあります。

# kaki tangan
カキ　　　　タ（ン）ガン

○ 手と足、手足 → ◎ 手下、手先、手と足、手足

**kaki tangan** には「手と足、手足（のように働く人）」など日本語と同じ意味もありますが、インドネシア語の場合は主に「（悪党の）手下、手先」など悪い意味で使われます。

# kaki ayam
カキ　　　アヤム

○ 鶏の足 → ◎ 鶏の足、裸足

**kaki ayam**「鶏の足」という本来の意味のほかに、**kaki telanjang**［カキ　トゥランジャン（グ）］「裸足」という意味もあります。裸足でない動物はいませんが、なぜ「鶏」なのかは不明です。

# rendah hati
ルンダ　　　　ハティ

✕ 腰が低い → ○ 心が低い

「腰が低い、謙虚な」は腰ではなく **hati**「心」を用います。ちなみに、**diri**「自分自身」が低い **rendah diri**［ルンダ　ディリ］は「劣等感を抱いた」という意味です。

# patah hati
パタ　　　　ハティ

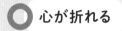 心が折れる　→　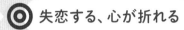 失恋する、心が折れる

**patah hati**「心が折れる、絶望する」には「失恋する」という意味もあります。しかし、通常、「絶望する」には **putus asa**［プトゥス　アサ］（直訳は「希望が断たれる」）を使い、「失恋する」は **patah hati** や **putus cinta**［プトゥス　チンタ］（直訳は「恋（路）が断たれる」）がよく使われます。

# ringan tangan
リ(ン)ガン　　　タ(ン)ガン

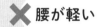 腰が軽い　→　 手が軽い

「腰が軽い」は腰ではなく **tangan**「手」を用います。**tangan** を用いた慣用表現には **tangan kanan**［タ（ン）ガン　カナン］「右腕」など日本語と同じ意味のものもあります。

# seperti anjing dengan kucing
スプルティ　　　アンジン(グ)　　ドゥ(ン)ガン　　　クチン(グ)

 犬猿の仲　→　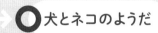 犬とネコのようだ

日本語の「犬猿の仲」に当たる表現ですが、インドネシアではサルではなくネコになります。

# orang kecil

オラン（グ）　　　クチル

✖ 小さな人 → ⭕ 小物、下っ端

文字通り「小柄な人」という意味もありますが、通常は「下っ端、地位の低い人」を指します。反意語の **orang besar**［オラン（グ）ブサル］にも「大柄な人」という意味がありますが、通常は「大物、地位の高い人」を指します。

# lebih dari lima orang

ルビ　　　ダリ　　　リマ　　　オラン（グ）

✖ 5人以上 → ⭕ 6人以上

# kurang dari lima orang

クラン（グ）　　ダリ　　　リマ　　　オラン（グ）

✖ 5人以下 → ⭕ 4人以下

**lebih dari ~** 「〜より多い」、**kurang dari ~** 「〜より少ない」という意味で、**lebih dari lima orang** 「5人より多い」は「6人以上」、**kurang dari lima orang** 「5人より少ない」は「4人以下」になります。「5人以上」なら、**lebih dari empat orang**［ルビ　ダリ　ウンパッ　オラン（グ）］「4人より多い」と言います。P140の **lebih dari satu tahun**［ルビ　ダリ　サトゥ　タフン］「1年以上」は、厳密には「1年と1日以上」です。

204

# 巻末

# 項目別単語

## 類義語、同意語、反意語はまとめて覚える

日常会話でよく使う単語を項目別にまとめました。
**Day 1**と**Day 2**で紹介した決まり文句や単語も参考
にしてください。これらの単語は、場面に応じて、
本文の例文中の単語と入れ替えると応用できます。
なお、語幹に接頭辞ber-と接頭辞me-の付くber-動
詞とme-動詞は、日常会話ではしばしば接頭辞が省
略されます。ただし、省略できないものもあるため、
省略できる接頭辞にはグレーの色を付けました。

# 【巻末　項目別単語 kosakata】

コサカタ

名詞、形容詞、動詞以外の品詞、人称代名詞や数詞などの名詞、慣用表現などは **Day 1**、
**Day 2** をご覧ください。

**国 negara**
ヌガラ

Inggris「英国」を人や言語に使う場合は、**orang Inggris**［オラン（グ）　イングリス］「英国人」、**bahasa Inggris**［バハサ　イングリス］「英語」と言います。

日本
**Jepang**
ジュパン（グ）

中国
**Tiongkok**
ティオン（グ）コッ

韓国
**Korea Selatan**
コレア　　スラタン

インドネシア
**Indonesia**
インドネスィア

マレーシア
**Malaysia**
マレイスィア

シンガポール
**Singapura**
スィ（ン）ガプラ

ブルネイ
**Brunei Darussalam**
ブルネイ　　　ダルサラム

フィリピン
**Filipina**
フィリピナ

ベトナム
**Vietnam**
フィエッナム

タイ
**Thailand**
タイラン

インド
**India**
インディア

フランス
**Prancis**
プランチス

英国
**Inggris**
イングリス

ドイツ
**Jerman**
ジェルマン

オランダ
**Belanda**
ブランダ

スペイン
**Spanyol**
スパニョル

ポルトガル
**Portugal**
ポルトゥガル

ロシア
**Rusia**
ルスィア

アメリカ合衆国
**Amerika Serikat**
アメリカ　　スリカッ

オーストラリア
**Australia**
アウストラリア

サウジアラビア
**Arab Saudi**
アラッ（ブ）　サウディ

## 職業 pekerjaan
ブクルジャアン

| | | |
|---|---|---|
| 会社員<br>**karyawan**<br>カルヤワン | 役員<br>**direktur**<br>ディレクトゥル | 国家公務員<br>**pegawai negeri**<br>プガワイ　ヌグリ |
| 自営業者<br>**wiraswastawan**<br>ウィラスワスタワン | 調理師<br>**tukang masak**<br>トゥカン(グ)　マサッ | ウエイター、ウエイトレス<br>**pelayan restoran**<br>プラヤン　レストラン |
| 店員<br>**pegawai toko**<br>プガワイ　トコ | 客室乗務員<br>**awak kabin**<br>アワッ　カビン | 運転手<br>**sopir**<br>ソピル |
| 観光ガイド<br>**pemandu wisata**<br>プマンドゥ　ウィサタ | 通訳・翻訳者<br>**penerjemah**<br>プヌルジュマ | 警察官<br>**polisi**<br>ポリスィ |
| 看護師<br>**perawat, juru rawat**<br>プラワッ　ジュル　ラワッ | 医者<br>**dokter**<br>ドクトゥル | 先生、教師<br>**guru, pengajar**<br>グル　プ(ン)ガジャル |
| 大学講師<br>**dosen**<br>ドセン | 大学生<br>**mahasiswa**<br>マハスィスワ | 学生、生徒<br>**pelajar, siswa**<br>プラジャル　スィスワ |
| 主婦<br>**ibu rumah tangga**<br>イブ　ルマ　タンガ | お手伝いさん<br>**pembantu rumah tangga**<br>プンバントゥ　ルマ　タンガ | |

## 家族 keluarga ／ 人 orang
クルアルガ　　　　　　　オラン(グ)

🔊 104

*の単語の後に laki-laki［ラキラキ］「男」や perempuan［プルンプアン］「女」を追加すると男女を区別できます。

祖父
**kakek**
カケッ

⇕

祖母
**nenek**
ネネッ

父
**ayah, bapak**
アヤ　　バパッ

⇕

母
**ibu**
イブ

兄、姉*
**kakak**
カカッ

⇕

弟、妹*
**adik**
アディッ

夫
**suami**
スアミ

⇕

妻
**istri**
イストゥリ

伯父、叔父
**om, paman**
オム　　パマン

⇕

伯母、叔母
**tante, bibi**
タントゥ　　ビビ

両親、親
**orang tua**
オラン(グ)　トゥア

兄弟、姉妹
**saudara**
サウダラ

孫
**cucu**
チュチュ

いとこ
**sepupu**
スブブ

子供（息子、娘）*
**anak**
アナッ

甥、姪*
**keponakan**
クポナカン

親戚
**kerabat**
クラバッ

客（顧客）／客（来訪者）
**pelanggan／tamu**
プランガン　　　タム

友だち
**teman, kawan**
トゥマン　　カワン

恋人
**pacar**
パチャル

婚約者
**tunangan**
トゥナ(ン)ガン

## 趣味 hobi
ホビ

| | | |
|---|---|---|
| ゴルフ<br>**golf**<br>ゴルフ | サッカー<br>**sepak bola**<br>セパッ　ボラ | テニス<br>**tenis**<br>テニス |
| 水泳<br>**renang**<br>ルナン(グ) | サーフィン<br>**selancar**<br>スランチャル | ダイビング<br>**selam skuba**<br>スラム　スクバ |
| スポーツ<br>**olahraga**<br>オララガ | バリ舞踊<br>**tari Bali**<br>タリ　バリ | ガムラン<br>**gamelan**<br>ガムラン |
| コンピューターゲーム<br>**gim komputer**<br>ギム　コンプトゥル | 観光に行く、旅行する<br>**berwisata**<br>ブルウィサタ | 散歩する<br>**berjalan-jalan**<br>ブルジャランジャラン |
| ドライブする<br>**mengemudi mobil**<br>ム(ン)グムディ　モビル | 釣りをする<br>**memancing**<br>ムマンチン(グ) | 料理する<br>**memasak**<br>ムマサッ |
| 山登りする<br>**mendaki gunung**<br>ムンダキ　グヌン(グ) | 読書する<br>**membaca**<br>ムンバチャ | ガーデニングをする<br>**berkebun**<br>ブルクブン |
| 映画鑑賞をする<br>**menonton film**<br>ムノントン　フィルム | テレビを見る<br>**menonton TV**<br>ムノントン　ティーフィー | 音楽鑑賞をする<br>**mendengar musik**<br>ムンドゥ(ン)ガル　ムスィッ |

## 部屋 kamar
カマル

◆)) 106

カギ
**kunci**
クンチ

ドア
**pintu**
ピントゥ

窓
**jendela**
ジュンデラ

テーブル、机
**meja**
メジャ

いす
**kursi**
クルスィ

クローゼット
**lemari pakaian**
ルマリ　　パカイアン

ベッド
**ranjang**
ランジャン(グ)

シーツ
**seprei**
スプレイ

冷蔵庫
**lemari es, kulkas**
ルマリ　エス　　クルカス

毛布
**selimut**
スリムッ

枕
**bantal**
バンタル

トイレ
**toilet, kamar kecil**
トイレッ　　カマル　　クチル

電話
**telepon**
テレポン

テレビ
**TV, televisi**
ティーフィー　テレフィスィ

バスルーム
**kamar mandi**
カマル　　マンディ

電灯、照明
**lampu**
ランプ

エアコン
**AC**
アーセー

ドライヤー
**pengering rambut**
プ(ン)グリン(グ)　　ランブッ

鏡
**cermin**
チュルミン

ゴミ箱
**tempat sampah**
トゥンパッ　　サンパ

インターネット回線
**sambungan internet**
サンブ(ン)ガン　　イントゥルネッ

項目別単語

211

# 建物 bangunan ／ ビル gedung

(( ))) 107

| 家 | ホテル | 事務所、会社、役所 |
|---|---|---|
| **rumah** | **hotel** | **kantor** |
| ルマ | ホテル | カントル |

| 警察署 | 病院 | 薬局 |
|---|---|---|
| **kantor polisi** | **rumah sakit** | **apotek** |
| カントル　ポリスィ | ルマ　サキッ | アポテッ |

| 郵便局 | 銀行 | 映画館 |
|---|---|---|
| **kantor pos** | **bank** | **bioskop** |
| カントル　ポス | バン(グ) | ビオスコッ(プ) |

| 店 | 市場 | スーパーマーケット |
|---|---|---|
| **toko** | **pasar** | **pasar swalayan** |
| トコ | パサル | パサル　スワラヤン |

| 屋台 | モスク | 教会 |
|---|---|---|
| **warung** | **masjid** | **gereja** |
| ワルン(グ) | マスジッ | グレジャ |

| 寺院、神社 | 公園 | 動物園 |
|---|---|---|
| **kuil** | **taman** | **kebun binatang** |
| クイル | タマン | クブン　ビナタン(グ) |

| 博物館 | 学校 | 日本大使館 |
|---|---|---|
| **museum** | **sekolah** | **Kedutaan Besar Jepang** |
| ムセウム | スコラ | クドゥタアン　ブサル　ジュパン(グ) |

# 乗り物 kendaraan ／施設 fasilitas
クンダラアン　　　　　　　　　ファスィリタス

| | | |
|---|---|---|
| 車<br>**mobil**<br>モビル | タクシー<br>**taksi**<br>タクスィ | ミニバス<br>**angkot, bemo**<br>アン(グ)コッ　　ベモ |
| バス<br>**bus**<br>ブス | バスターミナル<br>**terminal bus**<br>トゥルミナル　ブス | バス停<br>**halte**<br>ハルトゥ |
| 自転車<br>**sepeda**<br>スペダ | オートバイ<br>**sepeda motor**<br>スペダ　モトル | ガソリンスタンド<br>**pompa bensin**<br>ポンパ　ベンスィン |
| 道、通り<br>**jalan**<br>ジャラン | 高速道路<br>**jalan tol**<br>ジャラン　トル | 駐車場<br>**tempat parkir**<br>トゥンパッ　パルキル |
| 信号<br>**lampu lalu lintas**<br>ランプ　ラル　リンタス | 橋<br>**jembatan**<br>ジュンバタン | 列車<br>**kereta (api)**<br>クレタ　アピ |
| 駅<br>**stasiun**<br>スタスィウン | 船<br>**kapal**<br>カパル | 舟<br>**perahu**<br>プラフ |
| 港<br>**pelabuhan**<br>プラブハン | 飛行機<br>**pesawat (terbang)**<br>プサワッ　トゥルバン(グ) | 空港<br>**bandara (= bandar udara)**<br>バンダラ　　バンダル　ウダラ |

項目別単語

## 天気 cuaca ／ 自然 alam
チュアチャ　　　　　アラム

| | | |
|---|---|---|
| 太陽<br>**matahari**<br>マタハリ | 月<br>**bulan**<br>ブラン | 星<br>**bintang**<br>ビンタン(グ) |
| 空<br>**langit**<br>ラ(ン)ギッ | 雲<br>**awan**<br>アワン | 雨<br>**hujan**<br>フジャン |
| 風<br>**angin**<br>ア(ン)ギン | 嵐、暴風<br>**badai**<br>バダイ | 地震<br>**gempa bumi**<br>グンパ　ブミ |
| 洪水<br>**banjir**<br>バンジル | 山<br>**gunung**<br>グヌン(グ) | 森、森林<br>**hutan**<br>フタン |
| 川<br>**sungai**<br>ス(ン)ガイ | 湖<br>**danau**<br>ダナウ | 海<br>**laut**<br>ラウッ |
| 海岸、ビーチ<br>**pantai**<br>パンタイ | 島<br>**pulau**<br>プラウ | 水田<br>**sawah**<br>サワ |
| 畑、農園<br>**ladang, kebun**<br>ラダン(グ)　クブン | 木<br>**pohon**<br>ポホン | 花<br>**bunga, kembang**<br>ブ(ン)ガ　クンバン(グ) |

# 果物 buah-buahan ／ 野菜 sayur
ブアブアハン　　　　　　サユル

| バナナ | スイカ | パイナップル |
|---|---|---|
| **pisang** | **semangka** | **nanas** |
| ピサン(グ) | スマン(グ)カ | ナナス |

| マンゴー | パパイヤ | マンゴスチン |
|---|---|---|
| **mangga** | **pepaya** | **manggis** |
| マンガ | ブパヤ | マンギス |

| ドリアン | ジャックフルーツ | ココヤシの実 |
|---|---|---|
| **durian** | **nangka** | **kelapa** |
| ドゥリアン | ナン(グ)カ | クラパ |

| 柑橘類 | ニンジン | トウモロコシ |
|---|---|---|
| **jeruk, limau** | **wortel** | **jagung** |
| ジュルッ　リマウ | ウォルトゥル | ジャグン(グ) |

| キャベツ | 空心菜 | キュウリ |
|---|---|---|
| **kol** | **kangkung** | **mentimun** |
| コル | カン(グ)クン(グ) | ムンティムン |

| トマト | イモ | 豆 |
|---|---|---|
| **tomat** | **ubi** | **kacang** |
| トマッ | ウビ | カチャン(グ) |

| 唐辛子 | エシャロット | ニンニク |
|---|---|---|
| **cabai, cabe** | **bawang merah** | **bawang putih** |
| チャバイ　チャベ | バワン(グ)　メラ | バワン(グ)　プティ |

# 動物 binatang, hewan
ビナタン(グ) 　 ヘワン

| 犬 | ネコ | 牛 |
|---|---|---|
| **anjing** | **kucing** | **sapi** |
| アンジン(グ) | クチン(グ) | サビ |

| 水牛 | 馬 | 山羊 |
|---|---|---|
| **kerbau** | **kuda** | **kambing** |
| クルバウ | クダ | カンビン(グ) |

| 羊 | 豚 | ウサギ |
|---|---|---|
| **domba** | **babi** | **kelinci** |
| ドンバ | バビ | クリンチ |

| ネズミ | サル | オランウータン |
|---|---|---|
| **tikus** | **monyet** | **orang utan** |
| ティクス | モニェッ | オラン(グ) 　 ウタン |

| ゾウ | トラ | コウモリ |
|---|---|---|
| **gajah** | **harimau, macan** | **kelelawar** |
| ガジャ | ハリマウ 　 マチャン | クルラワル |

| ヘビ | ヤモリ | カエル |
|---|---|---|
| **ular** | **cecak** | **katak, kodok** |
| ウラル | チュチャッ | カタッ 　 コドッ |

| 鳥 | 鶏 | アヒル、カモ |
|---|---|---|
| **burung** | **ayam** | **bebek, itik** |
| ブルン(グ) | アヤム | ベベッ 　 イティッ |

# 魚 ikan ／虫 serangga ほか
イカン　　　　　スランガ

| | | |
|---|---|---|
| ナマズ<br>**lele**<br>レレ | ウナギ<br>**belut**<br>ブルッ | エビ<br>**udang**<br>ウダン（グ） |
| カニ<br>**kepiting**<br>クピティン（グ） | イカ<br>**cumi-cumi**<br>チュミチュミ | マグロ<br>**tuna**<br>トゥナ |
| 小魚<br>**teri**<br>トゥリ | イルカ<br>**lumba-lumba**<br>ルンバルンバ | クジラ<br>**paus**<br>パウス |
| サメ<br>**hiu**<br>ヒウ | ウミガメ<br>**penyu**<br>プニュ | 貝<br>**kerang, siput**<br>クラン（グ）　スィプッ |
| サンゴ礁<br>**terumbu karang**<br>トゥルンブ　カラン（グ） | 海草<br>**rumput laut**<br>ルンプッ　ラウッ | ハエ<br>**lalat**<br>ララッ |
| 蚊<br>**nyamuk**<br>ニャムッ | アリ<br>**semut**<br>スムッ | ゴキブリ<br>**kecoak, coro**<br>クチョアッ　チョロ |
| クモ<br>**laba-laba**<br>ラバラバ | 蝶<br>**kupu-kupu**<br>クプクプ | ハチ<br>**lebah, tawon**<br>ルバ　タウォン |

# レストラン restoran
レストラン

| | | |
|---|---|---|
| 皿<br>**piring**<br>ピリン（グ） | 椀<br>**mangkok**<br>マン（グ）コッ | スプーン<br>**sendok**<br>センドッ |
| フォーク<br>**garpu**<br>ガルプ | ナイフ<br>**pisau**<br>ピサウ | 箸<br>**sumpit**<br>スンピッ |
| グラス、コップ<br>**gelas**<br>グラス | カップ<br>**cangkir**<br>チャン（グ）キル | お冷<br>**air putih**<br>アイル　プティ |
| お湯<br>**air panas**<br>アイル　パナス | 氷<br>**es**<br>エス | コーヒー<br>**kopi**<br>コピ |
| ミルク<br>**susu**<br>スス | お茶、紅茶<br>**teh**<br>テ | ジュース<br>**jus**<br>ジュス |
| ビール<br>**bir**<br>ビル | ワイン<br>**anggur**<br>アングル | 砂糖<br>**gula**<br>グラ |
| 塩<br>**garam**<br>ガラム | コショウ<br>**merica, lada**<br>ムリチャ　　ラダ | サンバル（辛味調味料）<br>**sambal**<br>サンバル |

# メニュー menu
メヌ

| | | |
|---|---|---|
| 白飯<br>**nasi putih**<br>ナスィ　プティ | チャーハン<br>**nasi goreng**<br>ナスィ　ゴレン(グ) | ワンプレートご飯<br>**nasi campur**<br>ナスィ　チャンプル |
| 鶏肉のおかゆ<br>**bubur ayam**<br>ブブル　アヤム | 焼きそば<br>**mi goreng**<br>ミ　ゴレン(グ) | 鶏肉入りラーメン<br>**mi ayam**<br>ミ　アヤム |
| 肉団子スープ<br>**bakso**<br>バッソ | 具だくさん鶏肉スープ<br>**soto ayam**<br>ソト　アヤム | 山羊肉のカレー煮<br>**gulai kambing**<br>グライ　カンビン(グ) |
| 温野菜サラダ<br>**gado-gado**<br>ガドガド | 五目野菜炒め<br>**capcai**<br>チャプチャイ | 空心菜炒め<br>**kangkung tumis**<br>カン(グ)クン(グ)　トゥミス |
| 鶏の唐揚げ<br>**ayam goreng**<br>アヤム　ゴレン(グ) | 揚げ豆腐<br>**tahu goreng**<br>タフ　ゴレン(グ) | 揚げテンペ<br>**tempe goreng**<br>テンペ　ゴレン(グ) |
| 鶏の串焼き<br>**satai ayam**<br>サタイ　アヤム | えびせんべい<br>**kerupuk udang**<br>クルプッ　ウダン(グ) | パン<br>**roti**<br>ロティ |
| 揚げバナナ<br>**pisang goreng**<br>ピサン(グ)　ゴレン(グ) | ミックスかき氷<br>**es campur**<br>エス　チャンプル | アイスクリーム<br>**es krim**<br>エス　クリム |

## 身体 badan, tubuh
バダン　　トゥブ

| 顔<br>**muka, wajah**<br>ムカ　　ワジャ | 頭<br>**kepala**<br>クパラ | 髪<br>**rambut**<br>ランブッ |
|---|---|---|
| 目<br>**mata**<br>マタ | 鼻<br>**hidung**<br>ヒドゥン(グ) | 耳<br>**telinga, kuping**<br>トゥリ(ン)ガ　クピン(グ) |
| 口<br>**mulut**<br>ムルッ | 歯<br>**gigi**<br>ギギ | 舌<br>**lidah**<br>リダ |
| 首<br>**leher**<br>レヘル | 肩<br>**bahu**<br>バフ | 胸<br>**dada**<br>ダダ |
| 腕<br>**lengan**<br>ル(ン)ガン | 手<br>**tangan**<br>タ(ン)ガン | 指<br>**jari**<br>ジャリ |
| 爪<br>**kuku**<br>クク | 背中<br>**punggung**<br>プングン(グ) | 腹<br>**perut**<br>プルッ |
| 腰<br>**pinggang**<br>ピンガン(グ) | 尻<br>**pantat, bokong**<br>パンタッ　ボコン(グ) | 足、脚<br>**kaki**<br>カキ |

# 病気 penyakit ／ ケガ luka, cedera
ブニャキッ　　　　　　　　　ルカ　　チュドゥラ

下痢
**diare, menceret**
ディアレ　　メンチュレッ

吐き気がする／吐く
**mual ／ muntah**
ムアル　　　　　ムンタ

熱がある
**demam**
ドゥマム

寒気がする
**kedinginan**
クディ(ン)ギナン

咳
**batuk**
バトゥッ

息苦しい
**sesak napas**
スサッ　　ナパス

めまいがする
**pening, pusing**
プニン(グ)　　プスィン(グ)

風邪
**masuk angin, flu**
マスッ　ア(ン)ギン　フル

食中毒
**keracunan makanan**
クラチュナン　　　マカナン

腸チフス
**tifus**
ティフス

肺炎
**radang paru-paru**
ラダン(グ)　　パルパル

アレルギー
**alergi**
アレルギ

発疹
**bintik-bintik**
ビンティッビンティッ

脱水症状
**dehidrasi**
デヒドラスィ

やけど
**luka bakar**
ルカ　　バカル

骨折
**patah tulang**
パタ　　トゥラン(グ)

ねんざ
**keseleo**
クスレオ

薬
**obat**
オバッ

注射
**suntik, injeksi**
スンティッ　インジェクスィ

点滴
**infus**
インフス

入院する
**masuk rumah sakit**
マスッ　　ルマ　　サキッ

# ショッピングモール mal
マル

**1階**
**lantai 1**
ランタイ サトゥ

**地下1階**
**lantai 1 bawah tanah**
ランタイ サトゥ　バワ　タナ

**案内所**
**bagian informasi**
バギアン　インフォルマスィ

**手荷物預かり所**
**tempat penitipan barang**
トゥンパッ　プニティパン　バラン(グ)

**買い物かご**
**keranjang belanja**
クランジャン(グ)　ブランジャ

**ビニール袋**
**kantong plastik**
カントン(グ)　プラスティッ

**エレベーター**
**lift**
リフ

**試着室**
**kamar pas**
カマル　パス

**インスタント食品**
**makanan instan**
マカナン　インスタン

**菓子**
**kue**
クエ

**飴**
**permen**
プルメン

**ガム**
**permen karet**
プルメン　カレッ

**チョコレート**
**cokelat**
チョクラッ

**タオル**
**handuk**
ハンドゥッ

**ハンカチ**
**sapu tangan**
サプ　タ(ン)ガン

**ティッシュペーパー**
**tisu**
ティス

**歯みがき粉**
**pasta gigi, odol**
パスタ　ギギ　オドル

**歯ブラシ**
**sikat gigi**
スィカッ　ギギ

**カミソリ**
**pisau cukur**
ピサウ　チュクル

| | | |
|---|---|---|
| シャンプー<br>**sampo**<br>サンポ | リンス<br>**cairan pembilas**<br>チャイラン　プンビラス | 日焼け止めクリーム<br>**krim tabir surya**<br>クリム　タビル　スルヤ |
| 石けん<br>**sabun**<br>サブン | 洗剤<br>**sabun cuci**<br>サブン　チュチ | 生理用品<br>**pembalut wanita**<br>プンバルッ　ワニタ |
| 蚊取り線香／スプレー<br>**obat nyamuk**<br>オバッ　ニャムッ | 電池<br>**baterai**<br>バトゥライ | ボールペン<br>**bolpoin**<br>ボルポイン |
| 鉛筆<br>**pensil**<br>ペンスィル | 紙<br>**kertas**<br>クルタス | 本<br>**buku**<br>ブク |
| 漫画<br>**komik**<br>コミッ | 雑誌<br>**majalah**<br>マジャラ | 新聞<br>**koran, surat kabar**<br>コラン　スラッ　カバル |
| 辞書<br>**kamus**<br>カムス | 地図<br>**peta**<br>プタ | ネックレス<br>**kalung**<br>カルン(グ) |
| 指輪<br>**cincin**<br>チンチン | ブレスレット<br>**gelang**<br>グラン(グ) | イアリング、ピアス<br>**anting-anting, giwang**<br>アンティン(グ)アンティン(グ)　ギワン(グ) |
| 化粧品<br>**kosmetik**<br>コスメティッ | 口紅<br>**lipstik**<br>リッ(プ)スティッ | 香水<br>**minyak wangi**<br>ミニャッ　ワ(ン)ギ |

# 服 pakaian, baju ／ 携行品 barang bawaan
バカイアン　バジュ　　　　　　　　　　　　バラン(グ)　　バワアン

| | | |
|---|---|---|
| 帽子<br>**topi**<br>トピ | 上着<br>**jas, jaket**<br>ジャス　ジャケッ | シャツ<br>**kemeja**<br>クメジャ |
| Tシャツ<br>**kaus oblong**<br>カウス　オブロン(グ) | ブラウス<br>**blus**<br>ブルス | ネクタイ<br>**dasi**<br>ダスィ |
| ズボン<br>**celana**<br>チュラナ | ベルト<br>**sabuk**<br>サブッ | スカート<br>**rok**<br>ロッ |
| 下着<br>**baju dalam**<br>バジュ　ダラム | パンツ（下着）<br>**celana dalam**<br>チュラナ　ダラム | ブラジャー<br>**BH**<br>ベーハー |
| 水着<br>**baju renang**<br>バジュ　ルナン(グ) | 靴<br>**sepatu**<br>スパトゥ | 財布<br>**dompet**<br>ドンペッ |
| 携帯電話<br>**HP, ponsel**<br>ハーペー　ポンセル | 腕時計<br>**jam tangan**<br>ジャム　タ(ン)ガン | 傘<br>**payung**<br>パユン(グ) |
| メガネ<br>**kacamata**<br>カチャマタ | かばん、バッグ<br>**tas**<br>タス | スーツケース<br>**koper**<br>コプル |

**119**

## 色 warna
ワルナ

色の後にtua［トゥア］「濃い」や muda［ムダ］「薄い」を入れると、biru tua［ビル　トゥア］「紺」、biru muda［ビル　ムダ］「水色」など応用できます。

| 赤 | 白 | 青 |
|---|---|---|
| **merah** | **putih** | **biru** |
| メラ | プティ | ビル |

| 緑 | 黄色 | 黒 |
|---|---|---|
| **hijau** | **kuning** | **hitam** |
| ヒジャゥ | クニン（グ） | ヒタム |

| グレー | 茶色 | 紫 |
|---|---|---|
| **abu-abu** | **cokelat** | **ungu** |
| アブアブ | チョクラッ | ウ（ン）グ |

| オレンジ | 金色 | 銀色 |
|---|---|---|
| **oranye, jingga** | **warna emas** | **warna perak** |
| オラニュ　　ジンガ | ワルナ　ウマス | ワルナ　ペラッ |

**120**

## 頻度 frekuensi
フレクエンスィ

Saya selalu lupa.［サヤ　スラル　ルパ］「私はいつも忘れます」など動詞を伴ったり、質問の答えとして単独でも用います。

| たまに | 時々 | 何度か、何回か |
|---|---|---|
| **sekali-sekali** | **kadang-kadang** | **beberapa kali** |
| スカリスカリ | カダン（グ）カダン（グ） | ブブラパ　　カリ |

| たびたび、よく | いつも、常に | めったにない |
|---|---|---|
| **sering** | **selalu** | **jarang** |
| スリン（グ） | スラル | ジャラン（グ） |

### 曜日 hari
ハリ

今日、明日、先週、来年など年月日に関する単語は P065 を参照してください。

---

**日曜日**
**hari Minggu / (hari) Ahad**
ハリ　　ミング　　ハリ　　アハッ

minggu には「週」という意味もあるので、hari Minggu の hari は省略できません。

---

**月曜日**
**(hari) Senin**
ハリ　　スニン

**火曜日**
**(hari) Selasa**
ハリ　　スラサ

**水曜日**
**(hari) Rabu**
ハリ　　ラブ

---

**木曜日**
**(hari) Kamis**
ハリ　　カミス

**金曜日**
**(hari) Jumat**
ハリ　　ジュマッ

**土曜日**
**(hari) Sabtu**
ハリ　　サッ(ブ)トゥ

---

### 時、時間 waktu
ワクトゥ

122

Nanti dia datang. [ナンティ ディア ダタン(グ)]
「あとで彼は来ます」など文頭・文末に用い、segera のみ動詞の前に用います（→P117）。

---

**今、現在**
**sekarang**
スカラン(グ)

**先ほど、さっき**
**tadi**
タディ

**のちほど、あとで**
**nanti**
ナンティ

---

**最近**
**akhir-akhir ini**
アヒルアヒル　　イニ

**以前、昔**
**dulu, dahulu**
ドゥル　　ダフル

**将来、未来**
**masa depan**
マサ　　ドゥパン

---

**すぐに**
**segera**
スグラ

**急に、突然**
**tiba-tiba**
ティバティバ

**まもなく**
**sebentar lagi**
スブンタル　　ラギ

123

## 月 bulan
ブラン

| | | |
|---|---|---|
| 1月<br>**Januari**<br>ジャヌアリ | 2月<br>**Februari**<br>フェブルアリ | 3月<br>**Maret**<br>マルッ |
| 4月<br>**April**<br>アプリル | 5月<br>**Mei**<br>メイ | 6月<br>**Juni**<br>ジュニ |
| 7月<br>**Juli**<br>ジュリ | 8月<br>**Agustus**<br>アグストゥス | 9月<br>**September**<br>セプテンブル |
| 10月<br>**Oktober**<br>オクトブル | 11月<br>**November**<br>ノフェンブル | 12月<br>**Desember**<br>デセンブル |

124

## 祝祭日 hari raya／休日 hari libur
ハリ ラヤ　ハリ リブル

| | | |
|---|---|---|
| 断食明け大祭<br>**hari raya Idulfitri**<br>ハリ ラヤ イドゥルフィトゥリ | 犠牲祭<br>**hari raya Iduladha**<br>ハリ ラヤ イドゥルアドハ | サカ暦の正月<br>**Nyepi**<br>ニュピ |
| 中国の旧正月<br>**tahun baru Imlek**<br>タフン バル イムレッ | 独立記念日<br>**hari kemerdekaan**<br>ハリ クムルデカアン | クリスマス<br>**hari Natal**<br>ハリ ナタル |

**日付** tanggal
タンガル

🔊 125

同じ「今日の昼」でも、過去は**tadi**、現在は**ini**、未来は**nanti**を用います。**pagi**［パギ］「朝」、**sore**［ソレ］「夕」、**malam**［マラム］「夜」も同様です。

| 今日 | 明日 | 明後日 |
|---|---|---|
| **hari ini** | **besok, esok** | **lusa** |
| ハリ　イニ | ベソッ　　エソッ | ルサ |

| 今 | 昨日 | 一昨日 |
|---|---|---|
| **sekarang** | **kemarin** | **kemarin dulu** |
| スカラン(グ) | クマリン | クマリン　　ドゥル |

| 先週 | 今週 | 来週 |
|---|---|---|
| **minggu lalu** | **minggu ini** | **minggu depan** |
| ミング　　ラル | ミング　　イニ | ミング　　ドゥパン |

| 先月 | 今月 | 来月 |
|---|---|---|
| **bulan lalu** | **bulan ini** | **bulan depan** |
| ブラン　　ラル | ブラン　　イニ | ブラン　　ドゥパン |

| 昨年 | 今年 | 来年 |
|---|---|---|
| **tahun lalu** | **tahun ini** | **tahun depan** |
| タフン　　ラル | タフン　　イニ | タフン　　ドゥパン |

| 今日の昼（過去） | 今日の昼（現在） | 今日の昼（未来） |
|---|---|---|
| **siang tadi** | **siang ini** | **siang nanti** |
| スィアン(グ)　タディ | スィアン(グ)　イニ | スィアン(グ)　ナンティ |

| 毎日 | 今回 | 次回 |
|---|---|---|
| **setiap / tiap hari** | **kali ini** | **kali lain, lain kali** |
| スティアッ(プ)　ティアッ(プ)　ハリ | カリ　イニ | カリ　ライン　ライン　カリ |

# 方位 arah ／位置 lokasi
アラ　　　　　　　　ロカスィ

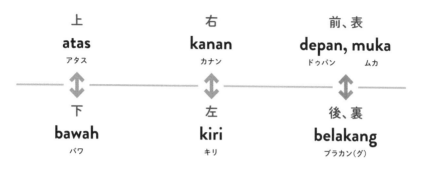

| 上<br>**atas**<br>アタス | 右<br>**kanan**<br>カナン | 前、表<br>**depan, muka**<br>ドゥパン　ムカ |
|---|---|---|
| ⇕ | ⇕ | ⇕ |
| 下<br>**bawah**<br>バワ | 左<br>**kiri**<br>キリ | 後、裏<br>**belakang**<br>ブラカン(グ) |

| 外<br>**luar**<br>ルアル | 北<br>**utara**<br>ウタラ | 東<br>**timur**<br>ティムル |
|---|---|---|
| ⇕ | ⇕ | ⇕ |
| 内、中<br>**dalam**<br>ダラム | 南<br>**selatan**<br>スラタン | 西<br>**barat**<br>バラッ |

| 真ん中、中央<br>**tengah**<br>トゥ(ン)ガ | 隣、側<br>**sebelah**<br>スブラ | 端、縁<br>**pinggir, tepi**<br>ピンギル　トゥピ |
|---|---|---|

| 中心、センター<br>**pusat**<br>プサッ | 横、脇、傍ら<br>**samping**<br>サンピン(グ) | 隅、角<br>**sudut**<br>スドゥッ |
|---|---|---|

| 間<br>**antara**<br>アンタラ | 沿い<br>**sepanjang**<br>スパンジャン(グ) | 周辺、付近<br>**sekitar**<br>スキタル |
|---|---|---|

# 形容詞 adjektiva（感情 emosi）
アジェクティファ　　　　　　エモスィ

名詞の penakut〔プナクッ〕「臆病者」、pemalu〔プマル〕「恥ずかしがりや」も覚えましょう。

うれしい
**gembira**
グンビラ

安心な
**lega**
ルガ

落ち着いた
**tenang**
トゥナン（グ）

⇕ ⇕ ⇕

悲しい
**sedih**
スディ

心配な、不安な
**khawatir**
ハワティル

動揺した
**galau**
ガラウ

楽しい
**senang**
スナン（グ）

幸せな
**bahagia**
バハギア

恋しい、懐かしい
**rindu, kangen**
リンドゥ　　カ（ン）グン

勇気のある
**berani**
ブラニ

恥ずかしい
**malu**
マル

うらやましい、嫉妬した
**iri hati, cemburu**
イリ　ハティ　　チュンブル

怒った
**marah**
マラ

飽きた、うんざりした
**bosan**
ボサン

がっかりした、失望した
**kecewa**
クチェワ

困難な、大変な
**susah**
スサ

困惑した
**bingung**
ビ（ン）グン（グ）

ぎこちない、不器用な
**kikuk**
キクッ

怖い
**takut**
タクッ

驚いた
**kaget, terkejut**
カゲッ　　トゥルクジュッ

緊張した
**gugup**
ググッ（プ）

# 形容詞 adjektiva ( 味覚 cita rasa ほか )
アジェクティファ　　　　　　　　　チタ　ラサ

おいしい
**enak, sedap, lezat**
エナッ　　スダッ(プ)　　ルザッ

新鮮な
**segar**
スガル

生焼けの
**setengah matang**
ストゥ(ン)ガ　　マタン(グ)

↕　　　　　　↕　　　　　　↕

おいしくない
**tidak enak / sedap**
ティダッ　エナッ　　スダッ(プ)

腐った
**basi, busuk**
バスィ　　ブスッ

焦げた
**hangus**
ハ(ン)グス

> インドネシア語には「まずい」
> という単語がないので、否定
> 語 tidak「〜ない」を伴って
> 「おいしくない」と言います。

のどが渇いた
**haus**
ハウス

お腹がいっぱいの
**kenyang**
クニャン(グ)

↕

> roti tawar [ロティ
> タワル] は食パン。

味がない
**tawar, hambar**
タワル　　ハンバル

空腹の
**lapar**
ラパル

甘い
**manis**
マニス

酸っぱい
**asam**
アサム

甘酸っぱい
**asam-asam manis**
アサムアサム　　マニス

辛い
**pedas**
プダス

塩辛い
**asin**
アスィン

苦い
**pahit**
パヒッ

コクや旨味がある
**gurih**
グリ

脂っこい
**berlemak**
ブルルマッ

パリパリした
**renyah**
ルニャ

# 形容詞 adjektiva（性格 sifat）
アジェクティファ　　　　　　　　　　スィファッ

| | | |
|---|---|---|
| 熱心な、勤勉な | 頭のよい、上手な | 活発な、積極的な |
| **rajin** | **pandai, pintar** | **aktif** |
| ラジン | パンダイ　　ピンタル | アクティフ |
| ↕ | ↕ | ↕ |
| 怠惰な | 頭の悪い | 消極的な |
| **malas** | **bodoh, tolol** | **pasif** |
| マラス | ボド　　　トロル | パスィフ |

| | | |
|---|---|---|
| 気さくな、親切な | 礼儀正しい | 生真面目な、真剣な |
| **ramah** | **sopan** | **serius** |
| ラマ | ソパン | セリウス |
| ↕ | ↕ | ↕ |
| 愛想の悪い、口の悪い | 粗野な | のんびりした |
| **judes** | **kasar** | **santai** |
| ジュドゥス | カサル | サンタイ |

| | | |
|---|---|---|
| 性格がよい | 注意深い、綿密な | 節約の、倹約の |
| **baik budi** | **teliti** | **hemat** |
| バイッ　ブディ | トゥリティ | ヘマッ |
| ↕ | ↕ | ↕ |
| 邪悪な、卑劣な | いい加減な、だらしない | 浪費した |
| **jahat** | **ceroboh** | **boros** |
| ジャハッ | チュロボ | ボロス |

| | | |
|---|---|---|
| 面白い、滑稽な | おしゃべりな | 無邪気な、だまされやすい |
| **lucu** | **cerewet** | **naif** |
| ルチュ | チュレウェッ | ナイフ |

# 形容詞 adjektiva（形状 bentuk ／ 状態 keadaan）
アジェクティファ　　　　　　ブントゥッ　　　　　　クアダアン

| | | |
|---|---|---|
| すばらしい | よい | 悪い、醜い |
| **bagus** | **baik** | **buruk, jelek** |
| バグス | バイッ | ブルッ　　ジュレッ |
| すごい | 結構な | 危機的な、深刻な |
| **hebat** | **lumayan** | **gawat** |
| ヘバッ | ルマヤン | ガワッ |
| きれいな、美しい | かわいい | かっこいい |
| **cantik** | **manis** | **keren** |
| チャンティッ | マニス | クレン |
| 太った | やせた | スマートな、スリムな |
| **gemuk** | **kurus** | **langsing** |
| グムッ | クルス | ラン（グ）スィン（グ） |
| 適切な、似合った | ぴったりの、ちょうどの | ふさわしい、妥当な |
| **cocok** | **pas** | **pantas, layak** |
| チョチョッ | パス | パンタス　　ラヤッ |
| 盛大な | にぎやかな | うるさい、騒がしい |
| **meriah** | **ramai** | **berisik, bising** |
| ムリア | ラマイ | ブリスィッ　　ビスィン（グ） |
| （面積、知識が）広い | （幅が）広い | 狭い |
| **luas** | **lebar** | **sempit** |
| ルアス | レバル | スンピッ |

大きい
**besar**
ブサル

↕

小さい
**kecil**
クチル

（高さ、質が）高い
**tinggi**
ティンギ

↕

（高さ、質が）低い
**rendah**
ルンダ

長い
**panjang**
パンジャン（グ）

↕

短い、（身長が）低い
**pendek**
ペンデッ

---

多い
**banyak**
バニャッ

↕

少ない
**sedikit**
スディキッ

遠い
**jauh**
ジャウ

↕

近い
**dekat**
ドゥカッ

早い
**cepat**
チュパッ

↕

遅い
**lambat**
ランバッ

---

新しい
**baru**
バル

↕

古い
**lama**
ラマ

清潔な
**bersih**
ブルスィ

↕

汚い
**kotor**
コトル

重い
**berat**
ブラッ

↕

軽い
**ringan**
リ（ン）ガン

---

強い
**kuat**
クアッ

↕

弱い
**lemah**
ルマ

明るい
**terang**
トゥラン（グ）

↕

暗い
**gelap**
グラッ（プ）

明らかな、はっきりした
**jelas**
ジュラス

↕

不明瞭な、ぼんやりした
**kabur**
カブル

（値段が）高い
**mahal**
マハル

⇕

安い
**murah**
ムラ

難しい、困難な
**sulit, susah, sukar**
スリッ　スサ　スカル

⇕

簡単な、容易な
**mudah, gampang**
ムダ　ガンパン（グ）

いっぱいの、満杯の
**penuh**
プヌ

⇕

空の、空いている
**kosong**
コソン（グ）

---

硬い、堅い、固い
**keras**
クラス

⇕

やわらかい
**empuk, lembut**
ウンプッ　ルンブッ

厚い
**tebal**
トゥバル

⇕

薄い
**tipis**
ティピス

深い
**dalam**
ダラム

⇕

浅い
**dangkal**
ダン（グ）カル

---

若い
**muda**
ムダ

⇕

老いた
**tua**
トゥア

お金持ちの
**kaya**
カヤ

⇕

貧乏な
**miskin**
ミスキン

豪華な
**mewah**
メワ

⇕

質素な
**sederhana**
スドゥルハナ

---

暑い、熱い
**panas**
パナス

⇕

寒い、冷たい
**dingin**
ディ（ン）ギン

暖かい、温かい
**hangat**
ハ（ン）ガッ

⇕

涼しい
**sejuk**
スジュッ

濡れた
**basah**
バサ

⇕

乾いた
**kering**
クリン（グ）

# 動詞 verba
フェルバ

口語では、グレーの色を付けた接頭辞 **ber-, me-** はしばしば省略されます。しかし、一部、省略できない動詞には接頭辞を付けて用います。

食べる
**makan**
マカン

飲む
**minum**
ミヌム

ある、いる、持つ
**ada**
アダ

持つ、所有する
**punya**
プニャ

立つ
**berdiri**
ブルディリ

座る
**duduk**
ドゥドゥッ

歩く
**berjalan**
ブルジャラン

走る、逃げる
**berlari**
ブルラリ

止まる
**berhenti**
ブルフンティ

見る
**melihat**
ムリハッ

(TV、公演を)観る
**menonton**
ムノントン

聞く
**mendengar**
ムンドゥ(ン)ガル

話す
**berbicara**
ブルビチャラ

おしゃべりする
**mengobrol**
ム(ン)ゴブロル

考える
**berpikir**
ブルピキル

知る
**tahu**
タウ

面識がある
**kenal**
クナル

理解する、わかる
**mengerti, paham**
ム(ン)グルティ　　　パハム

読む
**membaca**
ムンバチャ

書く
**menulis**
ムヌリス

呼ぶ
**memanggil**
ムマンギル

| | | |
|---|---|---|
| 住む<br>**tinggal**<br>ティンガル | 宿泊する<br>**menginap**<br>ム(ン)ギナッ(プ) | 移る、引っ越す<br>**pindah**<br>ピンダ |
| 水浴びする<br>**mandi**<br>マンディ | 洗う<br>**mencuci**<br>ムンチュチ | 使う、着る<br>**memakai**<br>ムマカイ |
| 買い物をする<br>**berbelanja**<br>ブルブランジャ | 取る<br>**mengambil**<br>ム(ン)ガンビル | 手に入れる<br>**mendapat**<br>ムンダパッ |
| 探す<br>**mencari**<br>ムンチャリ | 選ぶ<br>**memilih**<br>ムミリ | 試す<br>**mencoba**<br>ムンチョバ |
| 立ち寄る<br>**mampir**<br>マンピル | 待つ<br>**menunggu**<br>ムヌング | 電話する<br>**menelepon**<br>ムネレポン |
| 注文する、予約する<br>**memesan**<br>ムムサン | 支払う<br>**membayar**<br>ムンバヤル | 休憩する<br>**beristirahat**<br>ブルイスティラハッ |
| 送る<br>**mengirim**<br>ム(ン)ギリム | 運ぶ、持ち上げる<br>**mengangkat**<br>ム(ン)ガン(グ)カッ | 持って行く／来る<br>**membawa**<br>ムンバワ |
| しまう、保管する<br>**menyimpan**<br>ムニンパン | 取り替える、交換する<br>**mengganti, menukar**<br>ムンガンティ ムヌカル | 捨てる<br>**membuang**<br>ムンブアン(グ) |

項目別単語

使い果たす、尽きる
**habis**
ハビス

紛失する、なくす
**hilang**
ヒラン(グ)

一緒に行く、参加する
**ikut**
イクッ

歌う
**menyanyi**
ムニャニ

踊る
**menari**
ムナリ

結婚する
**menikah**
ムニカ

買う
**membeli**
ムンブリ

↕

売る
**menjual**
ムンジュアル

あげる、与える
**memberi**
ムンブリ

↕

もらう、受け取る
**menerima**
ムヌリマ

手伝う、助ける
**membantu**
ムンバントゥ

↕

じゃまをする
**mengganggu**
ムンガング

迎えに行く／来る
**menjemput**
ムンジュンプッ

↕

案内する、見送る
**mengantar**
ム(ン)ガンタル

借りる
**meminjam**
ムミンジャム

↕

貸す
**meminjamkan**
ムミンジャムカン

賃借する、レンタルする
**menyewa**
ムニェワ

↕

賃貸する
**menyewakan**
ムニェワカン

飛ぶ
**terbang**
トゥルバン(グ)

↕

落ちる
**jatuh**
ジャトゥ

生きる
**hidup**
ヒドゥッ(プ)

↕

死ぬ
**mati**
マティ

勝つ
**menang**
ムナン(グ)

↕

負ける
**kalah**
カラ

行く
**pergi**
プルギ

⇕

来る
**datang**
ダタン(グ)

出発する
**berangkat**
ブラン(グ)カッ

⇕

到着する
**tiba, sampai**
ティバ　　サンパイ

入る
**masuk**
マスッ

⇕

出る
**keluar**
クルアル

---

起きる
**bangun**
バ(ン)グン

⇕

寝る
**tidur**
ティドゥル

上がる、乗る
**naik**
ナイッ

⇕

下がる、降りる
**turun**
トゥルン

始まる、始める
**mulai**
ムライ

⇕

終わる、終了する
**selesai**
スルサイ

---

覚えている、思い出す
**ingat**
イ(ン)ガッ

⇕

忘れる
**lupa**
ルパ

開ける、開く
**membuka**
ムンブカ

⇕

閉める、閉まる
**menutup**
ムヌトゥッ(プ)

尋ねる
**bertanya**
ブルタニャ

⇕

答える
**menjawab**
ムンジャワッ(ブ)

---

勉強する、学ぶ
**belajar**
ブラジャル

⇕

教える
**mengajar**
ム(ン)ガジャル

働く
**bekerja**
ブクルジャ

⇕

遊ぶ
**bermain**
ブルマイン

会う
**berjumpa, bertemu**
ブルジュンパ　　ブルトゥム

⇕

別れる
**berpisah**
ブルピサ

Day1
Day2
Day3
Day4
Day5
Day6
Day7

項目別単語

近藤　由美（こんどう　ゆみ）
青山学院女子短期大学英文学科卒業。INJカルチャーセンター代表として東南アジア言語教育に携わる。共著は『カラー版　CD付　インドネシア語が面白いほど身につく本』『CD付　タイ語が面白いほど身につく本』（共にKADOKAWA）、『らくらくインドネシア語初級（CD付）』（INJ）、『快速マスターインドネシア語』（語研）、『ニューエクスプレスプラス　マレー語《CD付》』（白水社）ほか多数。
INJカルチャーセンター　www.injcc.com

イワン・スティヤ・ブディ（Iwan Setiya Budi）
国立ガジャマダ大学日本語学科卒業、東京外国語大学日本文学研究科博士前期課程修了。現在、INJカルチャーセンター・インドネシア語主任講師。拓殖大学インドネシア語非常勤講師、外務省研修所インドネシア語非常勤講師。共著は『快速マスターインドネシア語』『日常インドネシア語会話ネイティブ表現』（共に語研）、『バッチリ話せるインドネシア語』（三修社）。

執筆協力／ドミニクス・バタオネ（Dominicus Bataone）

音声 DL 付　インドネシア語の基本が7日間でわかる本

2024年 3 月19日　初版発行

著　　者／近藤　由美／イワン・スティヤ・ブディ
発 行 者／山下　直久
発　　　行／株式会社KADOKAWA
〒102-8177　東京都千代田区富士見2-13-3
電話 0570-002-301（ナビダイヤル）

印刷所／株式会社加藤文明社印刷所
製本所／株式会社加藤文明社印刷所

●お問い合わせ
https://www.kadokawa.co.jp/（「お問い合わせ」へお進みください）
※内容によっては、お答えできない場合があります。
※サポートは日本国内のみとさせていただきます。
※Japanese text only

定価はカバーに表示してあります。